PURE  NARD

하나님과의 연합

Union With God

잔느 귀용
Jeanne Guyon

박선규 옮김

Union with God
by Jeanne Guyon

Copyright ⓒ MCMLXXXI by Gene Edwards
Published by The SeedSowers
P.O. Box 285, Sargent, GA 30275

Korean Translation Copyright ⓒ 2006 by Pure Nard
2f 16, Eonju-ro 69-gil, Gangnam-gu, Seoul, Korea

The Korean edition is published by arrangement with The SeedSowers.
All rights reserved.

본 저작물의 한국어판 저작권은 The SeedSowers와의 독점 계약으로
한국어 판권은 '순전한 나드'가 소유합니다. 저작권자의 허락 없이
이 책의 일부 또는 전체를 무단 복제, 전재, 발췌하면
저작권법에 의해 처벌을 받습니다.

하나님과의 연합

지은이　잔느 귀용
옮긴이　박선규

초판발행 2005년 10월 10일
10쇄발행 2024년 3월 20일

펴낸이　허　철
펴낸곳　도서출판 순전한나드
등록번호　제2010-000128
주　소　서울 강남구 언주로69길 16, (역삼동) 2층
도서문의　Tel) 02-574-6702
Fax) 02-574-9704
홈페이지　www.purenard.co.kr

ISBN 89-91455-44-1　03230

하나님과의 연합

잔느귀용
Jeanne Guyon

PURE NARD

감사의 말 _ 9

서론 _ 11

Chapter 1 _ 14

Chapter 2 _ 28

Chapter 3 _ 33

Chapter 4 _ 45

Chapter 5 _ 55

Chapter 6 _ 62

Chapter 7 _ 70

잔느 귀용의 시 _ 77

감사의 말

잔느 귀용의 가장 유명한 작품은 그녀의 "자서전"과 "예수 그리스도를 깊이 체험하기"이다. 이 책 하나님과의 연합 또한 내용과 실제적인 도움이라는 면에서 그녀의 유명한 작품들에 포함되어져야 한다. 이 책이 다른 두 권의 책보다 덜 알려진 이유는 이 책이 잔느 귀용이 쓴 책들 중 가장 모호하고 읽기가 어렵기 때문이다. "예수 그리스도를 깊이 체험하기"라는 책의 에필로그에서 나는 이 책(하나님과의 연합)의 원본으로부터 한 구절을 그대로 인용했는데, 나는 그것이 이 책을 이해하려 할 때에 직면하게 될 많은 어려움들에 관한 모든 의문들을 제거해 줄 것이라고 생각한다.

나는 몇 번에 걸쳐서 이 책을 현대 영어로 다시 옮겨 쓰려 시도했지만 그렇게 하지 못했었다. 내가 이해할 수 없는 것을 어떻게 교정할 수 있겠는가? 나는 나의 아내 헬렌이 이 책을 완전히 그리고 명쾌하게 다시 써서 내 손에 쥐어줬을 때 깜짝 놀라지 않을 수 없었다. 아니 감탄했다는 말이 더 적절한 말인 것 같다. 한 여성이 이 책의 원본을 썼고, 또 다른 한 여성이 이 책을 다시 써서 부활시켰다.

우리는 이 책을 타이프하고 조판하는 지루하고 평범한 일을 해 준 카르맨과 애니와 조애니에게 감사를 드린다. 이 책의 표지는 예술가인 마이클앤젤로(Michelangelo)와 브래드의 공동 작업에 의해서 만들어졌다.

- Gene Edwards (역자주 : 영어본 번역자)
캐나다 케백주

서론

하나님과의 연합은 3부작으로 다른 두 권의 책은 "예수 그리스도를 깊이 체험하기"와 "마담 귀용의 자서전"이다.

잔느 귀용은 많은 책을 저술하였으며, 그녀는 세 권의 책과 편지들과 시를 통하여 많은 사람들에게 커다란 영향력을 미쳤고, 실제적인 도움을 주었으며, 역사적 공헌을 남기기까지 하였다.

이 책을 읽어 내려가는 동안, 당신은 잔느 귀용에 의해서 회심으로부터 시작해서 로마 카톨릭에서 주님과의 연합이라고 일컫는 단계에 이르는 점진적 단계들로 당신이 이끌리는 것을 경험하게 될 것이다. 어떤 단계들을 통과하면서 하나님을 향해 나아가는 이러한 점진적 과정은 영적인 문제를 바라보는 전통적인 카톨릭의 방법이다. 로마 카톨릭의 이러한 접근법은 강한 역사적 전례들에 뿌리를 두고 있다.

5세기에 시리아 근처에 살던 한 수도사가 회심으로부터 시작하여 신적 연합이라고 불리는 단계로 나아가는 영성의 단계에 대하여 기록하였다. 그 때로부터, 카톨릭 세계에서는 영적 성장에 대한 그들의 견해를 표현하는 가장 적절한 방법으로서 글이나 연설을 통해 이러한 점진적 단계들을 설명해왔다. 각 단계들이 어떠한 것인지에 대해서는 저자들마다 다른 견해들을 가질 수 있지만, 그들은 자기들의 견해들을 이러한 점진적 과정이라는 정황에 놓아야만 했다. 그렇지 않으면 정통이라고 여겨질 수 없었기 때문이었다. 잔느 귀용은 이 책을 1200년이나 된 주형(mold) 안에 집어넣었다. 당신이 지금 읽고 있는 것은 사실 잔느 귀용의 영적 순례기이다. 당신은 그녀가 그것을 어떻게 이해하고 해석했는지를 보게 될 것이다. 그녀는 여기에서 자기가 제시하는 점진적 단계들이 주님을 깊이 아는 유일한 방법이 아님을 분명히 알고 있었다. 나는 개인적으로 깊은 그리스도인의 삶으로 나아가는데 있어서 어떤 하나의 정형화된 과정을 따라야 한다고 생각하지는 않는다. 왜냐하면 우리 주님은 무한히 다양하신 분으로서 우리 각자에게 독특한 영적인 삶을 살아갈 수 있는 기회를 제공해 주시기 때문이다.

　귀용의 선배들은 가르치는 일에 있어서 기독교적이기보다는 플라톤적인 방법을 취했지만, 그녀는 그들보다 더 성서에 입각한 시각으로 이 책을 써 내려갔다. 이것이 이 책의 독특성이라 할 수 있다.

   이 책의 역사적 영향력과 관련된 한 중요한 사실이 설명되어질 필요가 있다. 때때로, 죄를 짓지 않는 일이 가능하다는 고상한 사고를 가르치는 일단의 그리스도인들이 나타날 것이다. 그들은 자기들이 옳다는 것을 증명하기 위하여 때로 이 책을 인용하기도 할 것이다. 하지만 요한 웨슬리와 같은 사람도 죄 없는 삶을 사는 것이 가능하다는 이론을 발표한 적이 없으며, 또한 자신이 그러한 죄 없는 삶을 살았다는 주장을 하지도 않았다. 잔느 귀용도 마찬가지이다.(죄 없는 완벽한 삶이 가능하다고 주장하는 사람들은 하나의 큰 문제를 다루어야 하는데, 그것은 그들이 일반적으로 완벽한 삶을 살고 있다고 여겨지는 사람을 만나본 적이 없다는 것이다). 최근에 이러한 가르침은 주님의 은혜로 인하여 사라져 버리게 되었다. 나는 어느 독자들도 잔느 귀용이 사용하는 "완벽한"(perfect)이라는 단어(잔느 귀용은 인간의 뜻이 하나님의 뜻과 조화를 이루는 것을 의미했다)를 죄 없는 상태로 해석하지 않기를 희망한다.

   이러한 두 가지의 관찰과 더불어서 우리는 축복하고, 격려하고, 힘을 실어주기 위해서 이 책을 그리스도인들에게 내어 보낸다.

– Gene Edwards (역자주 : 영어본 번역자)
캐나다 케백주

Chapter 1

하나님께로 나아가는 당신의 여정은 당신이 회심하는 날로부터 시작된다. 왜냐하면 회심은 당신의 혼이 처음으로 하나님께 돌아선 것을 의미하기 때문이다. 그 순간부터 당신은 진정한 의미에서의 삶을 살기 시작하고, 하나님의 은혜로 말미암아 당신의 존재를 인식하기 시작한다. 당신이 회심한 이후에는 당신 자신의 영, 즉 인간의 영-이것은 당신의 가장 깊은 곳에 있다-이 하나님에 의해서 만지심을 받고 살아나서 제 기능을 발휘하기 시작한다. 그러면 당신의 영은 당신의 혼에게 내면을 향해 돌아서서 당신의 중심에 막 거하기 시작한 하나님을 발견하라고 초청한다. 당신의 영은 혼에게 하나님께서는 당신 안의 깊은 곳에 거하시기 때문에 다른 어느 곳에서도 발견할 수 없다고 가르친다. 따라서 당신은 그 분을 내면에서 찾아야 하고, 그 안에서만 함께 즐거워할 수 있다.

따라서 처음부터 당신은 당신의 주님이 당신 안에 계시고, 당신이 당신의 가장 깊은 곳에서 그 분을 발견하여 즐길 수 있다는 것을 앎으로 큰 기쁨을 누릴 수 있다. 당신은 회심을 한 바로 그 때부터, 즉 당신이 그리스도 안에서의 삶을 시작한 그 때부터, 당신이 추구해야 하는 것은 바로 그러한 내적인 삶이라는 것을 알 수 있을 것이다.

> 이스라엘 자손들아 너희는 심히 거역하던 자에게로 돌아오라(사 31:6)

회심(conversion)이 무엇인가? 그것은 당신 본래의 성품으로부터 돌아서서 당신의 중심에 거하기 시작하신 하나님께로 되돌아가는 것이다. 당신의 회심은 단지 죄로부터 돌아서는 것만을 의미하지 않는다. 죄로부터 은혜로 돌아서는 것은 구원에 있어서 필수적이지만, 구원에 관한 전부는 아니다. 구원이 완성되기 위해서, 회심은 외면적인 것들로부터 돌아서는 것뿐만 아니라, 주님께서 거하시기 시작한 당신의 가장 깊은 부분으로 돌아서는 것까지 포함되어져야 한다.

이렇게 당신이 하나님을 향하여 돌아서 있을 때에, 당신은 계속해서 그 곳으로 나아가는 것이 쉽다는 것을 발견할 것이다. 당신이 하나님을 향해 내면으로 돌아서면 설수록, 당신은 그 분께로 더욱더 가까이 이끌리고, 그 분에게 더욱 확고히 붙어있게 될 것이다. 그 결과 당신은 보통 하나님과 정반대의 성질을 가지고 있는 당신의 자연인으로부터 더욱 멀어지게 된다. 당신은 당신 내면의 성소로 반복해서 들어감으로서 마침내 회심에 합당한 삶을 영위하게 되고, 그러함으로서 하나님의 임재 안에서 사는 것이 자연스럽고, 심지어는 습관적인 것이 될 것이다. 그러면, 하나님의 임재는 어디에 있는가? 하나님의 임재는 하나님께서 거하시는 곳, 즉 당신 영의 깊은 곳에 있다.

하지만, 당신이 노력이나 분발을 통하여 그러한 상태에 이를 수 있다고는 생각하지 마라. 당신이 할 수 있는 유일한 것은 외부의 것들로부터 물러서는 것뿐이다. 다른 말로 해서, 당신이 할 수 있는 최선의 것은 내면을 향하는 것이다. 그렇다. 당신은 그만큼만 할 수 있다. 당신은 하나님의 은혜와 더불어 그만큼만 협력할 수 있다. 따라서 당신은 그렇게 하려고 노력해야 한다. 그리고는 당신 안에 계신 하나님께 지속적으로 견고하게 붙어 있어야 한다.

당신의 주님은 자석과 같이 끌어들이는 속성을 가지고 있다. 그 분은 계속해서 당신을 자신에게로 강력하게 끌어들이신다. 그 분이 당신을 내면으로 끌어들이실 때에, 그 분은 그 분에게 속하지 않은 당신의 모든 것들을 정화시키실 것이다. 하지만, 이것은 당신의 일이 아니라, 그 분의 일임을 기억해야 한다. 당신은 불순한 증기와 같다. 증기는 태양에 의해서 위로 이끌리며, 점점 위로 이끌리면서 정제되어 깨끗케 된다. 이 과정에서 증기가 공헌하는 것이 있다면 그것은 단지 수동적으로 올라가는 것뿐이다. 우리의 경험과 이 증기의 경험과는 약간의 차이가 있다. 당신과 나는 주님께서 우리를 그 분에게 이끄실 때에 자발적으로 협력할 수 있는 특권을 가지고 있다. 그 분을 향하여 내면으로 돌아서는 것은 매우 쉽고 자연스럽고 어떤 노력도 들지 않는다. 왜냐하면 그 분이 당신의 중심에 있기 때문이다. 당신은 그 분이 당신을 이끌기 때문에 돌아서는 것이다.

　자연계에는 한 원칙이 있는데, 모든 것의 중심에는 강력하게 이끄는 힘이 작용하고 있다는 것이다. 이 원칙은 영적인 세계에서도 그대로 적용되어지며, 사실 더욱 그러하다. 왜냐하면 영적인 세계가 더 높은 존재의 영역이기 때문이다. 당신의 중심 안에 존재하는 견인력은 자연에서 발견되어지는 것보다 훨씬 커서 결코 그것에 저항할 수 없다.

　자연 세계에는 중심을 향한 자성적 이끌림이 있다. 모든 피조 세계에는 그 중심으로 재 연합하고자 하는 강한 성향이 있다. 하지만, 영적인 세계에서의 그러한 성향은 관련된 사람의 영적 수준과 비례하여 강함과 적극성이 나타나게 된다.

어떤 것이 중심을 향하여 내면으로 돌아서자마자, 그것은 커다란 추진력을 얻기 시작하며, 중심을 향하여 매우 빠른 속도로 나아간다. 이러한 과정에 예외가 있을 수 있는데, 그것은 바로 장애물이 가로막고 있을 때이다.

당신이 돌멩이 하나를 손에 들고 있다가 그것을 놓게 되면, 그것은 바로 그것의 무게로 인하여 돌의 참 중심이라 할 수 있는 땅으로 떨어지기 시작할 것이다. 물도 마찬가지이다. 물도 물의 중심을 향하여 주저 없이 흘러간다. 하지만, 이것은 장애물이 없을 경우에만 맞는 말이다.

이것은 당신의 혼에도 그대로 적용되어질 수 있다. 당신의 혼이 회심되어졌을 때에, 당신의 혼은 바로 그 혼의 하나님께 돌아가려 할 것이다. 당신의 혼이 당신 내면에 계신 주님과 재 연합하기 위해서 내면을 향해 돌아서는 것은 당신의 혼이 이렇게 중심을 향하여 움직이려는 법칙의 영향을 받고 있기 때문이다. 혼은 사랑의 무게를 제외한 어떤 다른 힘이 작용하지 않는다면 차츰차츰 그 혼의 중심을 향하여 움직일 것이다. 혼은 고요하게 머무르면 머무를수록, 그만큼 더 스스로를 움직이려는 노력으로부터 자유롭게 될 것이다. 고요함 가운데 있는 혼은 자신의 노력으로 중심에 이르려 노력하지 않는다. 혼이 중심을 향하여 방해를 받지 않은 채로 빨리 움직이면 움직일수록, 중심은 그만큼 더 혼을 끌어당기는 충분한 자유를 가지게 된다.

그렇다면, 당신은 당신의 주님이 거하시는 내면을 향하여 당신의 온 관심을 기울이는 것이 마땅하다. 처음에는 이렇게 하는 것이 어렵다는 것을 발견할 것이다. 그릴지라도 실망하지 마라. 오래지 않아 풍성한 은혜가 당신에게 임할 것이고, 그러면 그 문제는 쉽게 해결되어질 것이다. 이것은 당신이 당신의 마음을 외부의 산만한 것들로부터 멀어지게 하며, 유연하고 평온한 상태에서 당신의 중심으로 돌아서려 할 때에만 가능하다.

이제, 당신의 감정이 근심과 분노로 인하여 교란되어진다면, 하나님의 임재가 있는 내면을 향하여 돌아서라. 그러면 그렇게 교란된 감정들이 가라앉게 될 것이다. 당신이 이러한 감정들을 대처하기 위해서 어떤 다른 방법들을 사용한다면, 당신은 단지 그러한 감정들을 더욱 자극하게 될 뿐이다.

따라서 당신의 목적은 이제 내면의 삶을 추구하는 것이 되어야 한다. 이것이 혼의 모든 기쁨을 뿜어내는 원천이다. 이것이 모든 영적 진보를 위한 확고한 토대이다. 당신의 목표는 당신의 중심 깊은 곳에 머물고 있는 그러한 삶을 추구하는 것이 되어야 한다.

당신이 단순히 이성으로만 하나님을 향하여 돌아선다면, 어떤 영적인 묵상과 같은 것은 즐길 수 있을지 모른다. 하지만, 당신의 방법을 멈추고 내면과의 만남이라는 이러한 더 높은 방법을 추구하지 않는다면, 하나님과의 친밀한 연합

안으로는 결코 들어가지 못할 것이다.

　반면에, 당신이 당신 영의 내면 깊숙한 곳에 있는 주님에 의해서 이끌림을 받는다면, 당신은 이성에 의지하는 삶이 아니라 철저히 포기하는 삶으로 나아갈 것이다. 당신은 어떤 종류의 지식을 경험할 것이며, 그 지식은 당신을 기쁘게 하고, 당신으로 하여금 열매를 맺게 해줄 것이다. 당신은 더 이상 당신의 이성을 의지하며 살아가지 않을 것이다. 당신이 지적인 즐거움을 바라며 주님을 추구한다면, 당신은 당신을 인도할 매우 독특한 빛을 발견할 것이다. 그러나 철저히 포기하는 삶을 사는 사람은 다르다. 이러한 사람은 어느 길로 가야할 지를 명확히 알지 못한다. 당신이 주로 이성으로 하나님을 알고 있다면, 당신은 오직 포기하는 혼만이 볼 수 있는 영의 통로 안으로는 들어가지 못할 것이다. 당신이 이성으로 하나님을 추구한다면, 당신은 명확하게 보이는 길로만 나아가려 할 것이다. 왜 그런가? 당신은 이성의 힘에 의해서 뒷받침되는 어떤 조명을 통한 증거 없이는 앞으로 나아가려 하지 않을 것이기 때문이다.

　단순하게 믿는 사람은 그렇지 않다. 당신은 내면의 길로 인도함을 받아야 한다. 당신은 알려지지 않은 코스를 과감히 추구해야 하는 사람이다. 이러한 삶을 살기 위해서는 당신 내면 깊은 곳에 머물면서 당신을 앞으로 끌어당기는 그러한 직관적인 삶으로 당신의 길을 평가할 수 있어야 한다.

이렇게 한다면 당신의 길이 불명확하게 보이는 것 같을지라도, 당신은 단순하게 신뢰하는 성도로서 이성적으로 믿는 자들 보다 훨씬 더 확실한 영적 진보를 이룰 것이다. 이 말이 역설처럼 들릴지 모르지만, 이성적으로 조명되어지는 것들은 우리를 오도하기가 쉽다. 하지만, 당신이 알려지지 않은 코스 안으로 들어갈 때에, 당신은 그 분이 원하시는 곳으로 당신을 인도할 최고의 의지(a supreme will)에 의해서 인도함을 받을 것이다. 당신은 당신 영 안의 깊은 곳에 계신 하나님의 간섭으로 인하여 당신을 위해 예비 된 길로 나아갈 것이다. 당신은 믿음의 길을 따르면서 온전히 포기하는 삶을 살 것이며, 어떤 다른 길을 선택할 자유도 욕구도 가지지 않게 될 것이다. 당신이 이러한 길에 익숙해져 가게 되면, 다른 모든 길들은 당신에게 짐이 되고, 나아가서는 당혹스러운 것이 될 것이다.

믿음의 길이 이성적인 조명을 통한 길만큼 자기를 만족케 해주거나, 흥미로운 길이 아니라는 것은 사실이다. 사실, 믿음의 길은 때로 매우 건조하기도 하다. 당신의 생각들은 정처 없이 헤매며, 당신은 그것들을 해결할 아무 재간도 없을 때가 있을 것이다.

사람들 안에는 커다란 차이점들이 있다는 것을 제발 인식해 주기 바란다. 예를 들어서, 어떤 사람들은 다른 사람들 보다 쾌락에 더욱 민감하다. 이것은 성령으로 인도함을 받는 사람들에게도 똑같다. 어떤 신자들은 매우 감정적이며, 대단한 열정을 가지고 있는 것처럼 보인다. 하지만, 그럼에도 불구하고 그들이 내면 깊은 곳에 주님이 계시는 다른 어떤 사람들보다 더 열정적이라고 말할 수는 없다. 그러한 사람들은 자기의 외적 기질을 절제하며, 그러한 감정들이 시들게 내버려 두어야 한다. 이것은 그러한 감정들이 주님을 위한 사랑으로 불타오르고 있는 것 같을 때에도 마찬가지이다. 다른 신자들은 그리스도와 관계된 것들에 경직되어 있고 무감각하게 보임으로서, 완전히 육체에 속한 사람처럼 보일 수도 있다. 하지만, 때로 그러한 사람들의 영적인 깊은 곳에서는 그들을 자라게 해주는 미묘한 어떤 것이 있을 수 있다. 그러한 사람들과 주님의 만남은 훨씬 간결하고 농축된 형태를 띨 수 있다. 그래서 그들과 하나님과의 사귐은 열정이나 열심으로 가득 찬 다른 신자들만큼, 혹은 그들보다 더 실제적일 수 있다.

이제 나는 내면의 영에 의해서 매우 섬세하게 인도함을 받는 이들이 또한 심한 고난을 받는 이들이라는 것을 지적하고 싶다. 시험과 환란의 시기에, 이러한 신자들은 다른 사람들보다 더 큰 고통을 당한다. 그러한 신자들의 민감한 영은 큰 환란을 당할 때에는 때로 거의 느껴지지도 않는다. 그러한 자들의 감정은 매우 미묘해서 잘 드러나지도 않는다. 따라서 그들의 영 또한 그와 같은 특징들을 갖는 성향이 있다. 우리는 그러한 그리스도인들에 관해서 그들은 외향적이고 활동적인 영 대신에 섬세한 영을 가지고 있다고 말할 수 있을 것이다. 그러한 사람들은 냉철하고 무감각해 보이지만, 매우 안정적이다. 그럼에도 불구하고, 그러한 사람들의 문제들은 다른 모든 사람들에게 오는 것과 똑같이 임한다는 것을 분명히 알아야 한다. 그들은 충동적으로 어떤 일을 하지는 않지만, 자연인으로서는 열정주의자들과 뒤지지 않는 만큼의 일들을 행한다. 그들은 숨겨진 영이 느껴지지 않을 만큼 섬세하게 움직일 때에 그러한 움직임을 인식하지 못할 수 있다. 따라서 그들은 훈련을 통해 준비되어 있지 않으면 적을 대항해 나아갈 수 없다. (그럼에도 불구하고, 그러한 신자들은 종종 다른 사람들보다 더 위대한 충성심을 가지고 있다. 베드로와 요한 사이의 명확한 차이점을 상기해 보라. 베드로는 특별한 열정으로 충만한 것처럼 보였지만, 한 소녀의 소리에 무너져 내렸다. 요한은 자기 안에서 진행되어지고 있는 것들을 밖으로 표출해 내지는 않았지만, 끝까지 충성스러운 자로 남아 있었다.)

그렇다면, 당신은 이제 다음과 같은 질문을 하고 싶을 것이다. 어떤 사람이 강한 어떤 이끌림이 없이도 계속해서 앞으로 나아간다면, 그 사람이 정말로 하나님을 따르는 자인가? 내 대답은 "그렇다"이다. 그 사람은 보이는 것들로 가득 찬 어떤 사람들보다 훨씬 더 진실되게 하나님의 뜻을 행하고 있다. 그 사람은 자신이 하나님의 뜻을 행하고 있다는 것을 아는 만족함은 느끼지 못할지 모른다. 하지만, 주님의 뜻이 그 사람의 가장 깊은 부분에 지워지지 않는 글씨로 새겨져 있다. 따라서 그 사람은 온전히 자기를 포기하는 삶을 살아갈 것이다. 그 사람은 하나님의 만지심과, 자기 영의 영향을 받으면서 꾸준히 성장해 갈 것이다. 그 사람은 믿음으로 한 방향에서 다른 방향으로 전진해 나갈 것이다. 특히, 그가 메마름과 하나님의 임재 의식 사이를 오갈 때에 더 확실히 드러나는 것은 믿음일 것이다. 그러한 상황 속에서도 그는 점진적으로 하나님을 더 깊이 즐거워하게 될 것이다. 역설적으로 들릴지 모르지만, 주님에 대한 즐거움이 깊어져 감에 따라, 그러한 즐거움은 더욱 희미해져 간다. 그리고 주님에 대한 즐거움이 희미해져감에 따라, 주님을 더욱 내적으로 인식하게 된다. 주님에 대한 인식이 이전보다 훨씬 더 미묘한 것이 된다. 이러한 그리스도인은 심지어 메마름 속에서도 즐거워한다. 그 사람은 명확하고 지적인 조명이 있기 때문에 즐거워하는 것이 아니다. 비록 그 사람의 혼은 자기가 받고 있는 빛을 인식하지 못한다 할지라도, 그 혼은 그 빛의 모든 이로운 것들을 받고 있다. 이것이 사실이기 때문에 믿는 자는 자신이 진리(이것은 그 사람의 가장 깊은 곳에 심겨진 진리이다)에 더 친숙해져 있다는 것을 발견하게 된다. 이러한 친숙함으로 인하여 그 사람은 자기 안에 있는 모든 것을 하나님의 뜻에 복종하게 한다. 그 결과, 하나님의 뜻은 점진적으로 그에게 더욱 친숙해질 것이다. 사실상 그는 매우 희미하지만 인지할 수 있는 이러한 방식을 통하여, 이성이나 지식의 빛 아래에서는 결코 발견할 수 없는 천 가지의 비밀들을 이해할 수 있게 될 것이다. 그 사람은 자기도 모르는 사이에, 자기 앞에 놓여 있는 훨씬 높은 수준의 진보적 단계들을 위해 점진적으로 준비되어지고 있는 것이다.

당신이 영적으로 성장해 가고 있는 현 시점에서 마주치리라고 기대할 수 있는 시련들은 메마름과 즐거움을 오고가는 시련들이다. 메마른 시기들은 자아(self)가 들어와서 주님을 온전히 즐기는 것을 오염시키는 그러한 일들을 정화해 줄 것이다. (이러한 일이 당신에게 일어나지 않는다면, 당신의 감정들과 자연적인 욕구들은 내면에서 당신이 하나님과 누리는 진정한 즐거움을 오염시킬 것이다. 이것은 주님께서 당신과의 관계 속에서 추구하시는 정결함에 미치지 못하는 상태이다.)

따라서 당신이 영적 순례를 하는 동안 이러한 수준의 영적 단계를 통과해 나가고 있다면, 당신은 즐거움의 시기와 메마름의 시기가 교차되어지며, 그 후에 참 진전이 있을 것이라는 것을 기대해도 좋을 것이다. 당신은 당신 성격의 결함과 같은 일시적인 문제 외에는 별 커다란 시험을 당하지 않을지도 모른다. 하지만 영적으로 전진해 나가는 모든 단계에서, 당신의 자연적인 결함들은 당신이 내적인 즐거움을 누리고 있는 시기보다는 메마른 시기에 당신을 훨씬 잘 넘어뜨릴 것이라는 것을 기억하라. 내적인 즐거움을 누리고 있는 동안에는, 그 분의 충만한 은혜가 수천 가지의 악에서 당신을 보호할 것이기 때문이다.

영적 순례의 초창기에, 즉 하나님께서 처음으로 당신의 혼을 내면으로 돌리셨을 때에, 그 분은 당신으로 하여금 그 분께 속하지 않는 혼적인 것들에 대항할 수 있을 만큼 강하게 역사하셔서 당신의 혼으로 하여금 모든 다른 즐거움들, 심지어 가장 순수한 것들까지도 잘라버리게 하신다. 때로, 이러한 시기 동안에, 혼은 혼 자신을 싫어하기 시작한다. 혼은 혼적인 자연스러운 인식들과 기호(좋아함과 싫어함)들이 완전히 파멸되어질 때까지는 계속해서 혼적인 것을 싫어할 것이다. 많은 그리스도인들은 온갖 종류의 고통스러운 자기 부인을 통하여 이전의 습관들을 극복하려는 것처럼 보인다. 하지만, 자연인으로서 가지고 있었던 이전의 기호들은 내면의 이끌림이 강력하고, 내면의 기름 부음이 활발할 때에 가장 잘 파멸되어진다. 당신의 주님은 당신의 혼이 감추려 시도하는 모든 것들을 드러내실 것이다. 그 분은 당신으로 하여금 당신 혼의 자연적인 성향들을 정복할 수 있도록 하기 위하여 이렇게 드러내는 일을 행하신다.

그렇다면, 당신이 그리스도인의 삶 속에서 드러나는 외

적인 문제를 다루는 이러한 과정을 선택할 때에 얻을 수 있는 실제적인 결과들은 무엇인가? 끊임없이 내면을 향하는 연습과, 그 안에서 은혜로 부어주시는 기름 부으심을 통한 만지심이 있다. 주님은 이러한 만지심을 통하여 당신을 그분에게로 이끄신다. 그렇게 되면, 당신의 내면 깊은 곳에 거하시는 그 분의 삶과 영이 당신의 외적 성향을 잠식시키게 된다. 결국에, 당신의 자연인은 당신 안에서 열등한 부분으로 전락한다. 그리고 당신의 가장 깊은 곳에 거하시는 주님이 당신에게 가장 중요한 부분이 된다. 그 결과 이 열등한 부분, 즉 자연인은 복종할 수밖에 없게 된다. 외적인 연약함은 이렇게 저항도 분투함도 없이 잘 처리되어진다.

어느 그리스도인이 메마름의 시기에 의해서도 더 이상 크게 영향을 받지 않는 그러한 수준에 이르게 되면, 당신은 그 사람이 자연인에 대해서 완전히 죽은 상태에 이르렀다고 믿는 오류를 범하기가 쉬울 것이다. 어떤 의미에서 우리는 그것을 죽음이라고 말할 수 있지만, 그것은 오직 표면적인 감정들에 죽었을 뿐이다. 그러한 사람들도 자기(self)에 대해서 죽고, 영으로 하나님과 온전히 연합하는 그러한 수준에 미치려면 아직도 멀었다.

Chapter 2

　지난 장을 생각해볼 때에, 당신은 현재 당신의 혼이 괜찮은 수준에 이르렀다고 결론을 내릴 지도 모르겠다. 당신의 혼은 하나님 앞에서 잠잠하며 끊임없이 사랑을 내쉬고 있고, 따라서 깊은 연애활동을 위한 도구가 되었다. 당신은 하나님께서 당신에게 내미시는 신적인 사랑에 반응하고 있다. 나아가서 당신의 혼은 이 신적인 사랑을 향하여 끊임없이 도약하고 있다. 이러한 상호 작용 속에는 종종 그에 동반하는 빛과 거의 끊임없는 평화로운 분위기가 존재한다. 하지만, 나는 당신이 이러한 사랑의 상호작용을 통하여 가장 위대한 덕목들뿐만 아니라, 매우 깊은 자기 부인들을 연습해야 할 것이라고 덧붙이고 싶다.

우리는 당신이 당신을 유혹하는 것들과 씨름함으로서가 아니라, 내면의 주님께로 가까이 나아감으로서 그것들에 가장 잘 대처할 수 있다는 것을 이미 살펴보았다. 당신이 외적인 유혹들을 물리친 것으로 인하여 승리를 즐길 때에, 당신은 힘을 완전히 잃은 당신의 적으로부터 영원히 자유하게 되었다는 것을 믿고 싶을 것이다. 당신은 당신이 힘써 얻어낸 그 승리를 위해 비싼 값을 지불했다고 느낄지도 모른다. 따라서 당신에게 또 다시 메마른 시기가 찾아오면, 당신은 깜짝 놀라게 될 것이다. 이 메마른 시기는 당신에게 다른 외적인 약점들이 존재한다는 것을 매우 놀라운 방식으로 상기시켜 줄 것이기 때문이다.

당신이 인생의 그러한 계절에 접어들었을 때에, 즉 당신의 혼이 하나님 앞에서 고요히 그리고 사랑스럽게 앉아 있는 동안에, 당신은 당신의 삶 속에 갑작스럽게 나타나는 그러한 메마른 시기로 인하여 깜짝 놀랄 것이다. 그러한 메마른 시기가 찾아오면 이전에 보이지 않았던 흠들이 드러날 뿐만 아니라, 심지어 이전에 보였던 흠들도 다시 나타나기 시작한다. 그러면, 당신은 당신이 이 전에 가지고 있었던 만큼의 싸울 수 있는 힘이 당신에게서 완전히 메마르고 있음을 느끼게 될 것이다.

왜 이러한 일이 일어나는가? 당신 스스로 무엇을 해 보려는 노력을 포기하는 만큼, 저항할 수 있는 힘도 정확히 그

만큼 줄어든다. 당신이 하나님을 향하여 계속해서 전진해 나감에 따라, 당신의 혼적인 힘은 계속 약해진다. 역설적으로 들릴지 모르지만, 당신은 싸울 수 있는 힘을 계속해서 잃게 된다. 다시 말해서 하나님이 당신 안에서 강해지면 질수록, 당신은 그만큼 더욱 약해진다.

언뜻 보기에 그러한 상황은 우리 그리스도인들에게 매우 위험한 상황처럼 보인다. 하지만, 이 사실을 잊어서는 안 된다. 당신의 모든 수고로는 비록 은혜에 의해서 뒷받침을 받는다 하더라도, 당신을 유혹하는 외적인 것들을 정복할 수 없다. 당신이 강하다 할지라도, 당신은 당신의 외적인 삶에 존재하는 연약함을 정복할 수는 없다. 당신은 어떠한 상황 속에서도 그러한 것들을 효과적으로 다룰 수 없다. 당신의 혼을 점진적으로 취하시는 분은 바로 주님 자신이시다. 당신을 정결케 하시는 분이 바로 그 분이시며, 그분만이 그 일을 이루실 수 있다.

주님은 처음에는 당신에게 매우 신중하고 조심하기를 요구하셨고, 그 후에 그 분은 당신을 깊은 사랑의 관계로 이끄셨다. 그리고 주님은 당신이 신념을 굳게 지킨 채, 주님께서 모든 일을 하실 수 있게 하기를 요구하신다. 주님께서 당신에게 자신을 만물의 주로 계시하기 시작할 것이다. 그 분이 육신을 영에게 굴복시키실 것이다. 참된 외적 변화가 일어나기 위해서는 먼저 내적인 변화가 있어야 한다. 외적 변화는 전적으로 내적인 변화에 달려 있다. 당신이 외적인 활동들에 전념하고 있다면, 그것들이 아무리 단순하고 간단하다 할지라도, 당신은 바람직하지 않은 어떤 혼적인 습관에 따라 행동하고 있는 것이다.

따라서, 내면을 향해 돌아서라.

지금까지 당신은 외적인 감각에 속하는 많은 것들이 파괴되어지는 것을 목격해 왔다. 이제는 또한 파멸되어져야 하는 내적인 혼의 활동들이 있음도 볼 것이다. 이러한 일이 어떻게 일어날 수 있는가? 이것은 당신의 주님께서 당신 내면의 깊은 곳에서 일하시는 동안 당신이 그 분 안에서 즐거움의 휴식을 취하고, 당신의 일을 멈춤으로서만 일어날 수 있다.

이러한 시기 동안에, 하나님께서 당신의 외적인 모습을 위해서는 아무 일도 하고 있지 않는 것 같을지라도 놀라지 마라. 이것이 당신이 파괴되어졌다고 생각했던 외적인 결함들이 다시 나타나는 이유이다.

당신은 하나님을 찾아가는 여정 속에서 새로운 장소에 도착했다. 당신은 메마른 시기들이 더 길어지고 더 자주 찾아올 것이라는 것을 기대해도 좋다. 이러한 메마른 시기가 더 길고 더 메마를수록, 당신의 결함들은 더욱 크게 부각되어질 것이다. 이러한 결함들이 당신에게 부각됨으로서, 당신의 혼과 영의 관계는 더욱 정결케 될 것이며, 따라서 더욱 신뢰할 수 있는 것이 될 것이다. 당신의 혼적인 활동들을 정결케 하는 메마름과 연약함, 그리고 당신의 혼과 당신 내면에 거하시는 주님 사이에 진행되고 있는 사랑의 관계는 외적인 일들을 종결시키기 위해서 함께 협력한다.

이제 당신은 그리스도인들의 경험이 즐거움과 메마름 사이를 오간다는 것을 목격할 것이다. 이러한 메마름으로 인해 우리는 참된 즐거움을 얻게 될 것이다. 그러면 메마름 다음에 오는 기쁨은 어떠한가? 그 기쁨 또한 다음에 찾아오는 메마름에 의해서 참된 것이 될 것이다. 믿는 자들에게 있어서 이러한 과정은 항상 고통스럽기 마련이다. 따라서 믿는 자들은 연약해지고 황무함을 느끼게 된다.

당신이 충분히 약해져서 자기 부인에 대한 당신 자신의 개념을 포기하자마자, 당신의 주님이 일하기 시작하실 것이다. 그 분은 당신이 할 수 없는 일, 즉 당신의 육신을 정복시키는 일을 온전히 이루실 것이다. 그 분이 어떻게 그 일을 이루실 수 있을까? 그 분은 당신에게 당신의 분량에 맞는 십자가를 주심으로서 그 일을 이루실 것이다. 당신이 직면하는 십자가는 당신이 선택하는 십자가가 아니라, 당신의 삶 속에서 역사하시는 그 분의 주권에 의해서 당신에게 주어지는 십자가이다.

Chapter 3

 중심을 향해 계속해서 나아갈 때에, 당신은 어느 시점에서 벌거벗은 믿음(naked faith)의 상태에 이르게 될 것이다. 당신은 당신에게 일어난 일들의 자연적인 결과로서 그러한 벌거벗은 믿음에 이르게 될 것이다. 다른 것들은 외적인 것이든 내적인 것이든 모두 다 사라질 것이다.
 내가 무슨 말을 하고 있는지 아는가?
 우리는 당신이 영적으로 성장하는 것을 보아왔으며, 그러한 진전이 일어나는데 수년이 걸린 것을 알고 있다. 그러나 어느 시점에 가서는 이러한 진보도-비록 비싼 대가를 치루고 얻었을지라도-취하되어 질 것이다. 갑작스럽게든지 혹은 점진적으로든지 지금까지 이루어진 모든 진보가 사라질 것이다. 당신은 이러한 일과 더불어 당신의 영적 여정에서 가장 긴 단계를 시작할 것이다. 이것은 행복한 단계처럼 보이지는 않겠지만, 종국에 가서는 당신의 자기 성품(self-nature)이 죽는 것을 확실히 경험하게 될 것이다. (내가 보장하는 것. 당신이 그러한 힘든 시기를 기꺼이 통과하려 한다면 당신의 자기 성품은 반드시 죽게 되어있다). 이것은 매우 오래 지속되고 철저히 황무한 시기이기 때문에 혼적인 자기가 마침내 죽게 될 것이다.

하나님과의 깊은 연합을 향해 나아가는 이러한 여정 속에서 이전 단계들도 통과하지 못하는 수많은 그리스도인들이 있다. 따라서 이렇게 특별한 절정에 이르는 사람들은 극히 드물며, 이러한 여정을 완성하는 사람들은 더욱 드물다.

이 황무함 혹은 황량함은 이러한 경험을 하는 많은 그리스도인들에게 갑작스럽고도 격렬하게 일어난다. 나는 잠시 후에 이러한 상태가 서서히 임하는 자들에 대해서도 말할 것이다. 하지만, 그것들이 갑작스럽고 격렬하게 일어난다면, 그 일을 만나는 자들은 실상 불평할 이유가 적게 될 것이다. 왜냐하면 그렇게 갑작스럽게 일어나는 가혹한 고통은 오히려 일종의 위로를 주는 역할을 할 것이기 때문이다. 당신이 알다시피 이러한 경험을 자기들을 쇠약하게 만드는 어떤 것으로 받아들이는 사람들이 있다. 그들에게 있어서 이러한 경험의 마지막 결과는 모든 것에 대한 혐오이다. 따라서 그들은 하나님께 순종하려 하지 않는 것처럼 보이기도 할 것이다.

이제 이 황무한 시간에 대해서 생각해 보자. 당신은 먼저 당신이 이전에 성취했던 일들을 더 이상 할 수 없게 될 것이다. 즉, 당신은 당신이 이전에 매우 쉽게 할 수 있었던 것들도 할 수 없게 될 것이다. 이러한 황무함이 증가되면서 당신은 어떤 것도 할 수 없다는 무력감을 느끼기 시작할 것이다. 이러한 상태가 호전되기는커녕 시간이 지나면서 계속 악화될 것이다. 이러한 악함과 무력감은 당신이 마침내 다음과 같이 말할 때까지 당신을 온전히 사로잡을 것이다.

나의 행하는 것을 내가 알지 못하나니 곧 원하는 이것은 행하지 아니하고 도리어 미워하는 그것을 함이라(롬 7.15).

당신이 과거에 이룬 모든 성취들-외적인 성취와 내적인 성취 모두를 포함하는 모든 비본질적인 것들-이 박탈당한 후에야, 주님께서 본질적인 것들 위에 역사하기 시작하실 것이다. 모든 기독교의 덕목들-심지어 당신이 당연한 것으로 생각했던 것들까지도-이 사라질 것이다. 그러한 것들이 떠나갈 때에, 당신은 내면의 모든 기쁨들을 잃게 될 것이다. 내적 상실감이 느껴질 것이다. 나는 이것이 당신의 영에게는 결코 상실이 아니라는 것을 지적하고 싶다. 이것은 오직 당신의 의식 안에서의 상실일 뿐이다. 그러므로 당신은 여전히 당신의 영은 건강한 상태에 있다고 확신해도 좋다. 하지만, 당신의 관점에서 볼 때는 당신 내면에서 어떠한 활동도 없는 것처럼 보일 것이다. 당신은 당신의 영도 감지할 수 없을 것이다. 그리고 당신은 당신의 영 가운데에 계신 주님 또한 감지할 수 없을 것이다.

당신 영의 실체가 숨겨질 필요가 있다는 것을 기억해라. 그렇지 않다면, 자아의 죽음과 상실이라는 과업이 성취될 수 없을 것이다. 영은 내면 안 깊숙한 곳으로 들어간다. 영이 그 안에서 매우 단단히 봉쇄되어지기 때문에 당신은 심지어 당신의 영이 존재하는지 조차도 인식하지 못할 것이다.

당신은 스스로에게 "왜 이러한 황무함이 나에게 임했으며, 왜 이러한 일이 필요한가?"하는 질문을 계속해서 하게 될 것이다. 지금까지 진행되어진 이 여정의 온전한 목적의 첫 번째는 당신을 외부적인 것들로부터 차단시킨 채 오직 마음 안으로 이끄는 것이었다. 두 번째는 당신으로 하여금 당신 안에 있는 영의 영역들을 감지하게 하는 것이었고, 세 번째는 당신의 영이 존재한다는 존재의식의 상실을 경험케 하는 것이었다. 이러한 과정을 거친 후에는 모든 것이 상실되었다는 고통스러운 의식이 찾아올 것이다.

아마도 이것은 또 다른 방식으로 설명되어질 수 있을 것이다. 이 과정은 보이는 영역에서 두드러지게 시작된다. 모든 믿는 자들은 그들이 단일한 마음을 가졌든 그렇지 않든 보이는 세계를 보고, 보이지 않는 세계를 보지 못하는 이 단계에서 출발한다. 그 다음으로, 당신은 보이는 영역을 떠나서 보이지 않는 세계, 즉 우리가 믿음으로 살고 사랑으로 양육되어지는 영적 세계로 인도함을 받는다. 이 후에, 당신은 그 영적 단계를 떠나서 벌거벗은 믿음의 단계로 들어간다. 이 단계에서 당신은 어떤 영적 경험도 하지 못한 채로 남아 있게 될 것이다. 당신이 당신 자신에 대해서 죽는 것은 바로 이 단계에서이다. 이렇게 자신에 대해서 죽게 될 때에 비로소 당신은 하나님께로 나아갈 수 있게 된다. 당신은 이때부터 하나님의 생명만 의지하고 살아갈 수 있게 된다.

이러한 일련의 진행 과정이 눈에 들어오는가? 처음에, 하나님은 당신이 외적으로 지각할 수 있는 것들을 가지고 시작할 수 있는 은혜를 베푸신다. 이 후에, 당신은 보이지 않는 영적인 것들을 향해 전진해 나아간다. 그런 후에야 당신은 심지어 이 영역(보이지 않는 영의 세계)조차도 사라지는 것과 같은 경험들에 직면하게 되며, 마침내 당신의 속사람은 점차적으로 그 중심으로 이끌려져서 하나님과 온전한 연합을 이루게 된다.

당신의 혼이 당신의 가장 은밀한 부분들 안으로 깊이 들어가면 갈수록, 당신은 더욱 단일한 마음을 갖게 된다. 즉,

당신은 더 이상 수천 가지의 일들 사이에서 혼란스러운 삶을 살아갈 수 없게 된다. 당신은 그러한 수많은 일들을 성취할 수 있는 능력을 상실했을 뿐 아니라, 또한 그것들을 예민하게 의식할 수 있는 능력까지도 상실했다. 당신은 완전히 벌거벗겨졌으며, 점차적으로 모든 것을 포함하여 당신 자신까지도 상실하게 될 것이다. (당신은 이렇게 되든지, 또는 당신의 내적 황무함으로 인하여 당신 자신에 관한 것들을 인식할 수 있는 능력까지도 상실하게 되기 때문에 자아에 관련된 것들을 버릴 수밖에 없는 단계에 이를 것이다.)

당신은 이제 아무런 자비도 받지 못한 채 내적으로 외적으로 모든 것이 박탈당한 자신을 발견하게 될 것이다. 당신은 외적으로 어느 정도의 중요성을 띠었던 모든 것들과, 내적으로 어느 정도의 가치가 있었던 모든 것을 상실한 것 같은 느낌을 갖게 될 것이다. 이러한 상태는 정말이지 그리스도인이 처할 수 없는 상태처럼 보인다. 그럼에도 불구하고, 우리의 영적 수준은 결코 가장 밑바닥 수준에(그렇게 보이기는 하지만) 있지 않다.

이것은 우리의 영적 순례의 과정에서 최악의 상태처럼 보이며, 그렇기 때문에 우리는 여기에서 "유혹"(temptations)을 받게 된다—아니 "시험"(testings)이라는 말이 더 옳은 것 같다. 시험을 받으면 받을수록, 당신은 외적인 것들에 저항할 수 있는 힘을 더욱 상실한 것처럼 느낄 것이다. 당신은 당신이 경험할 수 있는 가장 연약한 상태에 있으며, 그렇기 때문에 온갖 종류의 공격을 경험하게 될 것이다. 당신의 영이 가지고 있는 힘이 당신으로부터 제거되어지는 시기가 바로 이 불안정하고 위험한 순간이다. 마지막 보루였던 이 영적인 힘까지 제거되어질 때에, 당신은 하나님의 선하심에 대한 모든 증거들이 당신에게서 사라지는 것 같은 느낌을 가지게 될 것이다. 이때에, 당신은 하나님의 신실하심을 상실하게 되며, 또한 당신은 당신의 영의 신실함-당신의 영은 본질상 신실했다-까지도 상실하는 경험을 하게 된다.

그러면 이제 우리 앞에 놓여 있는 것이 무엇인가? 우리는 그리스도께 헌신하고 있는 당신 안에서 당신을 맹렬히 쫓고 있는 강력한 적과 싸우기 위해 절대적으로 필요한 모든 것들이 박탈당한 것을 보게 된다.

당신은 계속 싸우면서 최선으로 자신을 방어하고 있다. 또한, 그러는 동안에 안전한 요새를 발견하기 위한 모든 기회들을 주시하고 있다. 하지만 오래 싸우면 싸울수록, 당신은 더욱 약해지게 되어있다. 그런데 당신의 적의 힘은 계속해서 강해지고 있다.

이때에 당신은 어떻게 할 것인가? 당신은 할 수 있는 한 빨리 당신이 피할 수 있는 요새의 문으로 달려가서 가능한 한 많은 도움을 받으려 할 것이다. 하지만 이게 무슨 일인가! 요새에 도착했을 때에, 당신은 그 문이 닫혀 있는 것을 발견하게 된다. 그리고 성문을 지키는 자들은 당신에게 어떤 도움이라도 주는 대신에, 당신이 들어갈 수 있는 모든 가능한 문들을 차단시킨다. 당신은 이제 강력한 당신의 적의 수중에 떨어졌다. 하지만 이때에 기적 중에 기적이 일어난다. 당신이 아무런 보호막이 없을 때에, 완전히 절망적인 상태에 이르게 되었을 때에, 그리고 완전히 포기했을 때에, 당신은 당신의 적이 당신에게 가장 좋고 참된 친구임을 인식하게 된다.

영적 순례의 과정에서 당신이 이 단계까지 올 수 있다면, 당신은 그 과정 속에서 지금까지 묘사되어진 모든 경험들을 틀림없이 하게 될 것이다. 물론 그러한 경험들은 여기에 주어진 묘사와는 완전히 다른 방법들로 나타날 수도 있을 것이다. 하지만, 당신은 다음의 경험은 반드시 어떤 식으로든 하게 될 것이다. 모든 축복의 상실, 온갖 종류의 연약함, 스스로를 방어할 수 없는 무기력, 당신의 영 안에 쉼이나 평안이 없다는 느낌, 하나님께서 화가 나 있다는 느낌, 그리고 이러한 것들 위에 사방에서 다가오는 시험들.

나는 당신이 다음과 같이 말할 것이라는 것을 알고 있다. 내가 그러한 시기를 통과하는 동안에 나의 뜻이 하나님의 뜻과 조화를 이루고, 내가 나의 타락한 성품을 따르고 있지 않다는 것을 확신할 수 있다면 그러한 모든 것들을 기꺼이 인내할 것입니다.

아! 물론 당신은 그렇게 할 것이다. 그리고 그렇게 한다면 당신은 정말 행복해질 것이다! 하지만 그런 일은 일어날 수 없다. 당신이 점점 더 약해지고 심지어 사랑할 수 있는 능력을 상실해 가게 되면, 당신의 영 또한 약해질 것이다. 당신이 알고 있듯이, 당신의 영은 주님을 향한 당신의 사랑에서 나오는 힘과, 당신을 향한 그 분의 사랑에 의해서 양육을 받아왔다. 하지만, 이제 당신의 바로 그 영이 사라진 것처럼 보인다. 당신은 당신의 영에 대한 존재 의식을 어디에서도, 또 어떤 징후로도 찾아볼 수 없다. 확실히 당신의 영은 당신에게 일어나고 있는 어떤 일에도 참여하지 않고 있다. 결론적으로, 당신의 영은 당신으로부터 분리되어지고 있으며, 당신에게 어떠한 힘도 공급해 주지 않고 있다. 따라서 당신은 당신 자신의 힘과, 자신의 의지로만 살아가고 있으며, 당신의 자연인(natural man)에 순응하고 있다고 느낄 것이다. 당신이 당신 자신의 영을 의식할 수 없기 때문에, 당신의 의지가 당신이 의식할 수 있는 모든 것이 된다.

당신은 하나님과의 연합을 위해 나아가는 여정 속에서 자연적인 감각들이 정복되어지고 소멸되어질 것이라고 이전 장에서 내가 말한 것을 기억할 수 있을 것이다. 이것은 사실이다. 하지만, 왜 이러한 일이 일어나는가? 왜냐하면 은혜로 인하여 당신이 이전에 성취할 수 있었던 성공들 때문이다. 하지만, 당신은 이러한 성공들 때문에 교만하게 되어졌다. 어떤 것도 이것을 막을 수는 없다. 때로 혼은 무의식적으로 무엇이 선한 것인가에 대한 자신의 고양된 의견에 찰싹 달라붙는다. 그래서 당신이 당신의 성품들 중 천하고 열등한 것들이 죽었다고 믿고 있는 동안에, 하나님은 육체적인 당신의 소욕을 부활시켜서 당신의 혼이 취하고 있는 높아진 지위를 드러내는 도구로 사용하신다. 하나님은 당신의 육체뿐만 아니라 혼까지도 온전히 정복하려 하신다.

하지만, 주님께서 당신의 육체적 소욕을 부활시킴으로서 당신을 추잡한 죄악들에 빠지게 할 것이라 생각하며 두려워하지는 마라. 하나님은 이미 독사의 독을 제거하셨다. 그렇지 않다면, 주님께서 그것을 사용하시지 않을 것이다. 당신의 영적 순례의 현 과정에서, 주님께서 당신 안에 있는 천한 성품을 안전하게 사용하실 수 있는 것은 그 분이 매우 난폭하고 죄를 야기시켰던 악한 세력들을 이미 그것으로부터 제거하셨기 때문이다. 하나님은 이제 당신의 천한 성품들을 취하셔서 높아진 혼을 낮추시는 해독제로 사용하신다.

당신이 믿는 자 한 사람을 자아에 대해서 완전히 죽게 하시는 하나님의 방법들 가운데에서 은혜와 지혜를 발견할 수 있다면, 당신은 평범하게 보이지 않는 그 분의 인도하심으로 인해 기쁨이 넘쳐나게 될 것이다. 당신이 외적으로 혹은 내적으로 아무 것도 깨닫지 못한다 할지라도, 당신은 그 분의 사랑에 의해 압도되어질 것이다. (하나님의 은혜의 이러한 작은 흔적들이 내 마음 속에 계시되어질 때에, 나는 종종 황홀경에 빠지는 경험을 하였었다.)

이제, 당신 안에 심겨진 주님의 생명이 당신 안에서 잘 자라게 하려면, 당신은 당신의 생명이 해를 입고, 난파되어 부서지고, 주님께서 원하시는 만큼 충분히 파괴되어지는 것을 허락하며, 자신에 관해서는 걱정하지 않아야 된다. 그와 반대로, 당신은 당신의 모든 관심들—시간에 속한 것이든, 영원에 속한 것이든—을 하나님께 희생 제물로 드려야 한다. 당신 안에 아무리 작은 변명이라도 머물게 해서는 안 된다. 왜냐하면 아주 작은 변명거리라도 남아 있으면, 그것이 되돌릴 수 없는 손해를 끼칠 것이기 때문이다. 그러한 변명거리를 가지고 있으면 당신은 자아에 대해서 온전히 죽지 못하게 될 것이다.

당신은 하나님께서 온전히 만족해하실 때까지 하나님께서 일하시도록 해야 한다. 바람이, 심지어 폭풍우가 사방으로부터 당신에게 불어오게 하라. 당신은 다가오는 격정적인 파도 속에 당신이 완전히 잠긴다 할지라도(우리는 종종 그렇게 된다), 그러한 것들을 허락해야 한다.

그러면 이제 아주 멋진 일들이 등장할 것이다. 고난과 비참한 상태에 의해서 당신이 하나님으로부터 멀어지기는커녕, 당신의 주님께서 갑자기 등장하신다. 당신이 너무 연약해짐으로 위험하다는 어떤 징조를 주님께서 보신다면, 주님은 가까이 계시다는 어떤 신호를 당신에게 보내실 것이다. 그 분은 모든 환란 가운데 당신과 함께 계셨다는 것을 확인시켜 주시려는 듯이-아마도 잠시 동안만 그렇게 하실 것이다- 나타나신다. 나는 "잠시 동안만"이라는 말을 강조하고 싶은데, 하나님께서 이런 식으로 자신을 계시하실 때에는 그러한 계시가 영원히 지속되는 가치를 지니지 않기 때문이다. 그 분의 등장은 당신을 계속해서 올바른 길로 가게 하며, 당신이 더욱더 죽을 수 있도록 격려하고자 하는 의도를 가지고 있다.

이러한 이야기를 통해 지금까지 언급한 모든 단계들 가운데 끊임없이 어려움만 계속되는 것은 아니라는 것을 당신이 기억했으면 좋겠다. 간헐적인 휴식시간이 있다. 그럼에도 불구하고, 이러한 휴식의 시간들은 다시 돌아올 시험들을 이전보다 더욱 고통스럽게 여겨지게 만들 것이다. 이렇게 휴식을 취하고 있는 동안, 당신의 혼은 도망갈 수 있다는 희망을 품을 것이다. 자연적인 것들은 자연적인 삶을 구할 수 있는 작은 기회들을 모두 이용하려 할 것이다. 물에 빠져 죽어가는 사람은 심지어 면도날이라도 붙잡으려 할 것이다. 그러한 공포의 순간, 그 사람은 면도날을 세게 잡음으로 경험할 아픔에 대해서는 조금도 생각하지 않을 것이다. 그 사람은 단지 붙잡을 게 있다는 사실만 볼 것이다.

Chapter 4

 당신의 자연적인 삶, 즉 자아가 이끄는 삶(self-life)은 이제 당신의 수많은 적들에 의해서 사방으로 공격을 받아왔다. 마침내, 당신은 사랑의 품 안으로 빠져드는 것 외에는 할 수 있는 것이 아무 것도 없게 되었다. 당신에게는 물러나서 숨을 수 있는 곳이 아무 곳도 없다. 당신이 알다시피, 죽음이 임했을 때에, 즉 완전한 죽음이 임했을 때에는 그 이후에 벌어질 수 있는 가장 끔찍한 상황들도 더 이상의 고통이나 아픔을 줄 수는 없다.

 그러면, 당신은 어떻게 죽음을 인식할 수 있는가? 당신의 내면에서 죽음이 행하는 일들을 인식할 수 있을 것이라고 생각하지 마라. 우리가 지금까지 이야기해 온 단계들을 당신이 통과했다는 사실을 인식할 수 있을 것이라고 기대하지도 마라. 오히려 죽음은 존재하지 않는 것에 의해서 인식되어진다. 죽음은 고통을 느끼거나, 자아에 대한 어떤 염려나 사고도 가질 수 없게 하는 능력을 가지고 있다. 죽음은 항구적인 무관심, 그리고 그러한 무관심의 상태에 영원히 머물러 있을 때에 아주 작은 항의조차도 하지 않는 바로 그것이다.

살아있다는 것은 의지-어떤 것을 위한 것이든 대항한 것이든-를 가지고 있다는 것에 의해서 증명된다. 당신이 죽음을 맞이했을 때에는 그러한 의지가 더 이상 존재하지 않는다. 당신에게는 모든 것이 똑같을 것이다. 죽음을 맞이한 사람은 죽음 이후에 무슨 일이 일어나는 가에 상관없이 죽은 채로 남아 있는다. 죽음은 무관심한 상태로서 죽음과 관련한 모든 것에 관심이 없다. 당신이 하나님으로 하여금 당신을 정복하게 한다면, 당신은 어떤 불만족도 없을 것이다.

이 시점이 되었을 때에는 하나님께서 당신의 생명과 관련된 모든 영적인 적들을 그 분의 발아래에 두었을 것이다. 이제 그 분이 최고의 통치자이시다. 그 분은 당신을 취하고 당신은 그 분의 온전한 소유가 된다. 이것은 당신이 자기 본성을 온전히 버렸기 때문이다.

당신에게 상기시켜 주고 싶은 것이 있다. 이러한 것들은 매우 천천히 그리고 점진적으로 일어난다.(심지어 죽음 이

후에도, 이 원리는 그대로 적용되어진다. 죽음 이후에도 모든 유기체들은 어느 정도의 온기를 유지하고 있다. 이것은 점진적으로 사라진다.) 사실, 당신의 회심과 나의 회심 후의 모든 과정에는 점진적이고 지속적으로 혼을 정화시키는 작업이 있어왔다.

이제 그 작업의 마무리 단계가 시작된 것이다.

자기 본성의 죽음이 어느 순간에 일어났다고 해서 그것이 영원히 지속되는 것은 아니다. 그런 일은 오직 당신이 육체적인 죽음을 맞이할 때에만 올 것이다. 당신과 나는 생명과 죽음 사이를 오가고 있다.

마침내 죽음이 생명에 의해서 정복되어진다. 이것이 부활의 원리이다. 생명이 죽음을 정복할 때까지는 생명과 죽음 사이에 오가는 일이 있기 마련이다.

나는 이것이 천천히 진행되는 과정이라고 말했지만, 이 안에는 또한 갑작스럽게 일어나는 요소도 들어있다. 죽은 그리스도인은 자신이 살아있다는 것을 발견하는데, 자신이 과거에 죽었었지만 현재 다시 살아났다는 것을 결코 의심할 수 없다.

(나는 이러한 죽음과 부활이 당신의 삶 가운데 아직 확고히 뿌리를 내리지 못하고 있다는 것을 지적하고 싶다. 나는 차라리 당신의 삶이 뿌리 내려서 정착된 경험이라기보다는 부활을 향하여 나아가고 있다고 말하고 싶다.)

당신이 첫 은혜의 경험을 한 후에-이것은 아마도 외적인 경험이었을 것이다-당신은 내적으로 주님을 향하여 돌아섰고, 당신의 중심을 향하여 계속해서 가라앉기 시작했다. 이 영적 여정이 끝날 무렵에, 당신의 영 안에 깊이 파묻힌 당신의 혼은 사랑이신 하나님의 품에 안겨진다.

이 과정까지 이른 모든 사람들은 똑같은 경험을 하지만, 각자 다른 방법으로 할 것이다. 혼을 감싸 안은 생명이 이제 내면으로부터 일어나서 강력하게 드러난다. 나는 이것을 이미 존재하고 있었지만 눈에 띄지 않았던 살아있는 미생물에 비유하고 싶다. 이제 당신은 이 생명의 존재적 실체를 의식하게 된다. 당신은 생명이 아무리 잘 숨겨져 있었을지라도 그것이 결코 존재하지 않았던 것이 아니란 걸 깨닫게 된다.

당신이 통과했던 어두운 밤이 사라지기 시작한다. 영은 거기에 있었으며 주님도 또한 거기에 계셨다. 그렇다. 죽음의 한복판에도 주님은 함께 하셨다. 하지만, 이 죽음은 생명이 존재하기 때문에 더 이상 죽음이 아니며, 이 생명은 죽음 깊숙한 곳에 숨겨져 있었다.

누에는 오랫동안 고치 안에 죽어 있지만, 생명의 씨앗은 여전히 그 안에서 부활을 기다리고 있다. 당신의 새 생명도 이와 마찬가지이다. 그것은 당신 안의 가장 깊숙한 곳으로부터 흘러나오며, 거기에서부터 자라기 시작한다. 그 생명은 점차적으로 당신의 기능들과 감각들로 뻗쳐 나가는데,

그렇게 되면 기능들과 감각들은 그것들 자체의 생명으로 흠뻑 적셔지고, 그 결과 자연스러운 열매들을 맺게 된다. 이러한 새 생명에 흠뻑 젖게 될 때에, 당신은 측량할 수 없는 만족을 경험하게 될 것이다. 엄격한 의미에서 그것은 당신 자신의 만족이 아니다. 또한 혼 안에서 느껴지는 만족도 아니다. 왜냐하면 그것은 하나님 안에서의 만족이기 때문이다.

나는 내가 방금 전에 설명한 것이 특별히 부활의 생명 안으로 깊숙이 들어간 성도들에게는 매우 사실적이라는 것을 말하고 싶다.

나는 이 고통스러운 죽음의 과정을 통과하시 않는 어떤 그리스도인들이 있다는 것을 알고 있다. 그들은 단지 힘을 잃고 생명을 잃는 것을 경험할 뿐이다. 다른 경우에서와 같이, 여기에서도 죽음은 고통을 느끼거나, 어떤 것을 좋아하거나 싫어할 수 없는 완전하고도 영원한 무능력에 의해서 죽음으로서 인식되어진다. 이러한 단계들에서의 죽음은 우리가 생명을 경험하지 못하는 정도에 비례한다. 따라서 이러한 상태는 완전한 죽음이 아니다.

우리는 때로 죽음을 떠남이라고 말하기도 한다. 즉, 분리가 있다는 말이다. 나는 죽음이라는 용어를 이런 식으로 사용해야 한다고 생각한다. 죽음은 분리로서, 하나님 안으로 들어갈 수 있기 위하여 자기 본성을 떠나는 것이다. 당신이 이 단계에 도달하면 당신의 의지는 완전히 사라질 것이다.

그렇게 됨으로서 당신은 오직 하나님 안에서만 존재할 수 있게 된다.

당신의 의지는 인간의 의지들 중 심지어 최상의 것들까지 포함해서 그것이 아무리 훌륭하고 칭찬할 만한 것이라 할지라도 자기 본성의 많은 부분을 구성하고 있다는 것을 말하고 싶다. 따라서 하나님의 뜻만 남아 있을 수 있도록 하기 위하여 이것 또한 소멸되어져야 한다. 육체의 의지로부터 나오는 모든 것, 심지어 당신의 선의지로부터 나오는 모든 것들도 완전히 사장되어져야 할 필요가 있다. 이러한 일이 일어나면, 하나님의 뜻 외에는 아무 것도 남지 않게 될 것이다. 당신의 옛 의지가 완전히 소멸되어질 때에, 하나님의 뜻이 그 자리를 대신하기 시작할 것이다. 점차적으로, 주님의 뜻이 당신의 인간적 의지를 믿음 그 자체로 변화시킬 수 있을 것이다.

그러면, 이것은 당신의 모든 고통이 끝날 것이라는 것을 의미하는가? 당신의 자기 본성은 소멸되어져서 죽음의 경험 안으로 들어갔고, 따라서 당신이 하나님과 온전한 연합을 이루는데 있어서 어떤 장애물도 없게 되었다. 하지만 이러한 모든 과정에도 불구하고, 당신의 속사람은 여전히 하나님 안으로 들어가지 못했다.

이 사실이 극도의 고통을 야기시킨다. 따라서 고통은 여전히 남아있다.

나는 당신이 내가 방금 전에 한 말에 대해 반대할 것이라는 것을 알고 있다. 자기 본성이 죽었다면, 그것이 어떻게 괴로워할 수 있단 말인가?

당신의 자기 본성은 당신이 자기 본성과 완전히 분리되자마자 죽음을 경험하게 된다. 하지만, 이 죽음은 속사람이 하나님께 넘어가기 전까지는 완전한 것이 못된다. 완전한 죽음을 경험하기 전까지는 커다란 고통이 여전히 남아있다. 하지만, 나는 내가 지금 여기에서 말하고 있는 고통이 특별하거나 분명한 것이 아닌, 매우 일반적이라는 것을 지적하고 싶다. 당신이 여기에서 가지고 있는 고통은 당신이 하나님과의 올바르고 합당한 관계를 아직 확고하게 하지 못했다는 것에 대한 고통스러운 인식이다.

그러면, 당신이 그리스도인으로서의 삶을 시작한 초창기에 죽음이 하는 역할은 무엇인가? 우선, 당신을 죽음으로 몰고 가는 것들을 당신이 싫어하고 두려워함에 따르는 고통이 있다. 당신 안에 있는 그러한 인간적인 요소들이 죽어감에 따라 당신은 고통과, 당신을 죽음으로 몰고 가는 일들에 점점 적게 반응할 것이다. 우리에게는 마침내 자연적인 모든 생명의 요소들이 완전히 죽기까지 점점 완강해지는 성향이 있는 것 같다. 하나님은 당신의 자연적인 생명을 찾아 멸하시기 위하여 숨겨진 구석구석까지 쫓아가실 것이다. 당신의 자연적인 생명은 매우 타락했기 때문에 온갖 변명들을 늘어

놓으려 할 것이며, 심지어 가장 거룩한 것들을 피난처와 숨는 장소들로 사용하려 할 것이다. 하지만, 자비하신 하나님은 그러한 곳까지 가서서 당신의 인간적인 의지를 찾아내실 것이다.

(하나님에 의해서 이러한 구석까지 쫓기는 경험을 한 사람들 중 소수만이 마침내 그러한 피난처들을 포기할 것이다. 왜냐하면 우리들 중 아무도 어떤 대상들이 우리에게서 취해지기까지는 우리가 그것들에 얼마나 집착하는지를 알 수도 없고 상상할 수도 없기 때문이다. 자기가 아무 것에도 집착하지 않고 있다고 생각하는 사람은 사실 자기가 알지 못하는 수천 가지에 의해서 묶여 있다.)

의지가 완전히 죽은 후에도 여전히 어느 정도의 고통이 남아있다는 것을 내가 이미 언급했다. 혼은 완전히 죽었지만, 아직 하나님 안으로 온전히 받아들여지지 않았다. 어떤 것이 아직도 남아있다. 나는 그것이 무엇인지 정확히는 알지 못하지만, 인간적인 잔재나 형태일 것이다. 하지만, 결국에는 모든 것이 죽을 것이다. 나는 그것을 일반적이고 불특정한 고통에 의해서 결국 소멸되어질 녹(tarnishing)이라 부르고 싶다. 혹은 그 위대한 본체(the great Original)이신 하나님 안으로 받아들여지지 않은 채 자기에 대해 죽음으로부터 일어나는 불안함일 것이다. 믿는 자들은 자기에 대한 모든 소유를 상실한다. 그리고 이것은 하나님과 연합하기 위해서 절대적으로 필요한 것이다. 하지만, 우리는 부활의 새 생명을 오직 점진적으로만 알게 된다. (내가 부활의 생명이라고 말할 때에, 그것은 우리 각자의 내면 안에 거하며, 우리 믿는 자들을 온전히 소유하시는 하나님의 생명을 일컫는다.)

당신 자아의 본성과 의지가 죽을 때에, 당신이 죽음을 경험할 때에, 당신이 하나님의 품 안에 안길 때에....당신의 내적 부분들이 하나님과 참으로 연합을 이룰 때에....그리고 그 사이에 아무 것도 존재하지 않을 때에, 당신은 하나님과 연합을 이룰 수 있을 것이다.

그러나 이상스럽게도, 당신 자신은 이것을 인식하지 못하며, 그 결과 당신은 이 연합의 열매들을 즐길 수 없을 것이다. 하나님께서 이 새 생명을 탄생시킴으로 하나님께서 당신을 소생케 하는 근원이 되셨다는 것을 깨닫기 시작할 때에야 비로소 당신은 이 열매를 즐길 수 있을 것이다.

남편의 품 안에서 잠들어 버린 어린 신부는 신랑과 긴밀한 연합을 이루고 있지만, 무의식의 상태에 있기 때문에 그와 연합을 이룸으로서 얻는 축복을 즐기지 못한다. 그럼에도 불구하고, 신랑은 그녀가 큰 사랑을 받으며 잠들어 버린 상태에 있는 동안에 신부를 자기 품에 안고 있다. 신랑은 부드러운 애무를 통하여 신부를 다시 소생시키는데, 의식을 되찾은 신부는 그녀가 그렇게 사랑했던 사람을 자기가 소유하고 있으며, 또한 그에 의해 자기가 소유되어졌다는 것을 알게 된다.

이것이 믿는 자들에게 일어나는 일이다.

Chapter 5

당신이 하나님에 의해서 완전히 소유되어지면, 하나님께서 당신의 삶에 온전한 주가 되시기 때문에 당신은 더 이상 하나님께서 기뻐하시는 것 외에는 어떤 것도 할 수 없다는 것을 발견할 것이다. 이 상태는 계속해서 진전되어질 것이다. 당신의 무능함은 이제 고통을 주는 대신에 기쁨을 줄 것이다. 왜 그런가? 바로 그 무능함 때문에 생명과, 하나님의 생명의 능력이 당신 안에 가득 채워졌기 때문이다. 이 말은 당신이 하나님의 뜻으로, 즉 하나님께서 생각하시는 모든 것과, 하나님께서 바라시는 모든 것으로 가득 채워져 있다는 의미이다. 그 외에 다른 것은 아무 것도 없다.

속사람은 자기 본성의 생명이 다할 때에 하나님과 연합

을 이루게 된다.

그럼에도 불구하고, 매우 역설적으로 들릴지 모르지만, 우리의 혼이 부활하는 순간까지는 우리가 이 연합의 열매들을 즐길 수 없다. 이 부활의 순간에, 하나님은 당신의 속사람이 하나님 안으로 들어가게 하며, 성스러운 연합, 혹은 당신의 속사람과 살아계신 하나님 사이의 성스러운 결혼에 대한 보증 서약을 하신다. 이 연합에 대한 보증과 서약은 매우 실제적이기 때문에, 당신은 더 이상 그것에 대하여 의심할 수 없게 된다. 결국, 최종적인 완성이 이루어진다.

이 연합은 매우 영적이며 매우 순결하고 매우 친밀하며 매우 성스러운 삶 속에서 이루어지기 때문에, 우리는 이 연합을 상상할 수도 없으며, 또한 그것을 의심하는 것도 불가능하다.

우리가 지금까지 이야기한 것들이 흉내 내어질 수 있는 것이라고 생각하지 말라. 이러한 인생의 여정은 결코 상상되어질 수도 없는 것이다. 따라서 그러한 부활의 삶을 사는 그리스도인들을 우리가 어떻게 상상이나 할 수 있겠는가? 이러한 그리스도인들은 자기 자신들의 생명에 기반을 둔 것은 아무 것도 가지고 있지 않으며, 기만으로부터 완전한 보호를 받고 있다. 모든 것들은 우리의 상상력이 미칠 수 없는 우리 내면의 깊은 곳에서 일어난다.

이 전 장들에서, 우리는 당신이 믿음의 여정을 걸을 때 통과하는 많은 단계들에 대해서 이야기했었다. 당신이 그리스도인이 된 초창기에, 당신은 당신의 걸음에 대한 확신을 가지고 있었지만, 이것은 비 그리스도인들의 확신과 똑같은 것이었다. 명확함은 믿음과는 정반대가 되는 개념이다. 사실상 믿음으로 인도하는 이러한 과정을 통과해 나갈 때에, 당신은 전혀 어떤 보증이나 확신을 가질 수 없을 것이다. 당신이 받는 모든 것은 매우 일반적인 방법을 통하여 당신에게 계시되어진 어떤 것이다. 사실, 주님께서 처음에 세워 놓으신 토대는 일반적인 감각이었다.

하지만, 이제 당신의 혼이 부활을 경험해 가면서, 모든 것이 매우 다르게 변하게 된다. 당신의 혼이 부활하여 하나님 안에서 성장을 해 나감에 따라, 당신의 관점에 분명한 변화가 있게 될 것이다. 당신은 여전히 어떤 것에 대해서도 확실함을 느끼지 못할지 모르지만, 당신 안에 어느 정도의 명료함이 있다는 것을 알게 될 것이다. 그 명료함은 당신 자신을 위한 것이라기보다는 다른 사람들을 위한 것이다.

이 말을 다르게 표현해 보겠다. 당신이 이 수준에 이르게 되면, 주님은 당신에게 조명의 빛을 밝혀 주실 것이다. 하지만, 이 빛은 너무도 단순하고 자연스러워서 당신이 미처 그것을 인식하지 못할 수도 있다. 나는 이 조명의 빛이 다른 사람들의 유익을 위해 주어진 것이라는 것을 다시 한 번 강조하고 싶다. (이 명료함이 비록 다른 사람들의 유익을 위해 주어지기는 했지만, 그 다른 사람들이 항상 그것을 사용하지는 않을 것이라는 것을 기억하라.)

당신의 구원과 관련하여 하나님께서 당신의 영을 죽음에서 일으키실 때에, 즉 그 분이 당신을 그 분 안으로 받으셔서 당신 안에 거하게 될 때에, 당신 안에 존재했던 살아있는 생명체가 나타나기 시작할 것이다. 이 생명체는 당신의 깊숙한 곳으로부터 나와서 밖을 향하여 나아감으로서 그 정체를 명백히 드러내기 시작할 것이다. 그 작은 생명체가 바로 예수 그리스도의 계시이다. 즉, 그 생명체 안에 예수 그리스도의 계시가 있었다.

그가 그의 아들을 내 속에 나타내시기를 기뻐하실 때에...(갈1.15-16).

내면에 거하셨던 주님께서 이제 밖으로 드러나서 자신을 나타내기 시작하신다. 당신 안에 있는 아담의 생명이 사라짐을 통하여 주님께서 당신 안에 거하실 것이다.

내가 지금 무슨 말을 하고 있는가? 나는 부활한 당신의 속사람이 하나님 안으로 받아들여졌으며, 당신의 속사람이 그 분과의 연합을 통하여 점차적으로 변화되어지고 있다고 말하고 있다. 음식이 그 음식을 먹는 사람 안에서 변화되어지는 것과 같이, 당신은 당신의 속사람을 안으로 받아들인 그 분의 형상을 따라 변화되어질 것이다.

이러한 과정 속에서 정말 신비한 것은 이러한 변화가 일어날 때에 믿는 자가 지니고 있었던 고유하고 독특한 자신의 존재성을 잃어버리지 않는다는 것이다.

변화의 시작에 관하여 이야기 할 때에, 나는 전멸, 즉 완전한 죽음을 이야기한다. 당신의 형체는 그 분의 형체를 입기 위하여 완전히 사라진다. 이것은 당신의 전 생애 동안에 계속 이어지는 끊임없는 작용으로서, 당신의 혼을 계속해서 거룩한 모습으로 만들어 간다. 이 변화를 통하여 당신의 깊은 내면에 하나님의 성품이 계속해서 쌓여간다. 당신의 속사람이 변화되어지고 있다. 그러면, 그것이 어떠한 상태를 향하여 변화되어지고 있는가? 변화되어질 수 없고 흔들리지 않는 상태를 향하여.

하나님은 이런 식으로 해서 우리에게 풍성한 열매를 맺게 하신다. 하지만, 당신은 오직 그 분 안에서 풍성한 열매를 맺을 수 있다는 것을 이해하라. 나는 당신이 주님과 함께 하고 있기 때문에, 열매가 그 분과의 이러한 접촉을 통하여 맺혀지고 있다고 생각하기를 원치 않는다. 그것이 아니라, 나를 통해 맺혀지는 풍성한 열매가 주님 자신이 될 때까지, 주님께서 당신을 변화시키고 있다는 것을 당신이 보았으면 좋겠다.

주님은 당신을 부활시키신 후에, 당신으로 하여금 풍성

한 열매를 맺게 하실 것이다. 주님은 다른 사람들을 당신의 삶 속으로 이끄실 것이다. 주님은 자기의 사랑을 나누어주고 싶은 사람들을 당신에게로 이끄실 것이다. 당신은 주님께서 주신 그러한 사람들에게 사랑을 표현할 것이다. 당신이 이제 표현할 수 있게 되는 사랑은 자연적인 감정들과는 완전히 다른 것이 될 것이다. (하나님의 사랑은 자식을 향한 부모의 사랑보다 훨씬 강력하다.) 당신이 이제 다른 사람들에게 표현하게 될 사랑은 당신 안에서 부활한 생명의 움직임일 뿐이다.

당신의 주님은 당신의 혼으로부터 감각과 능력들을 박탈하여 영원히 죽게 내버려 두지 않으신다. 그와 반대로, 영의 생명이 혼으로 전달되어질 때에, 이 새 생명이 점점 자라고 강해져서 오래 동안 열매를 맺지 못한 채로 남아 있었던 능력과 감각들에 생기를 불어 넣어준다. 당신의 능력들과 감각들은 지금 당신의 내면 깊은 곳에서 역사하는 생명에 의해서 활기를 되찾게 된다. 이러한 능력들과 감각들은 당신의 속사람 안에서 사랑이 얼마만큼 자라났는가에 비례하여 활성화 될 것이다. 그 때에 우리가 보는 것은 당신의 혼과 감정과 의지를 통하여 당신의 가장 깊은 내면에서 활발하게 움직이는 영이다. 이제 혼들의 이러한 활동들은 정말 당신 안에 존재하는 신적인 성품들로부터 나오는 어떤 것이 될 것이다.

내가 이전 장들에서 열거한 영적 순례의 과정 동안에, 혼의 가장 깊은 부분은 믿음을 향한 여정 속에서 힘이 약화되어졌고, 마지막 단계에 이를 때까지 점점 약화될 것이다. 이러한 변화는 혼이 부활하는 단계에 이를 때에 일어난다. 하나님은 이제 당신의 속사람으로부터 성스러운 활동이 일어나기를 원하신다. 하지만, 이러한 활동의 범위가 아무리 넓다 할지라도, 당신이 자기중심적인 움직임을 추구하려 할 때에는 당신의 영에 의해 저지를 당하게 될 것이다. 왜냐하면 당신의 속사람은 이제 당신 안의 깊은 곳에 거하시는 주님의 통제를 받고 있기 때문이다.

Chapter 6

지금까지, 나는 당신에게 단계들(stages)에 관해서, 정도(degrees)에 관해서, 그리고 영적 순례에 관해서 이야기해왔다. 우리는 이제 더 이상 그러한 정도가 없는 마지막 단계에 이르렀다. 영광의 단계가 남아있는 모든 것이다. 변형의 작업, 혹은 적어도 변형에 이르기 위해 사용되는 방법들이 뒤에 남아 있다. 미래가 무한한 생명의 연장으로 구성되어 있으며, 이것은 계속해서 풍성하게 자라가는 생명이다.

하나님께서 당신을 그 분께로 이끄실 때에, 당신은 그 분 안에 잠겨서 변형되어진다. 당신은 그 분의 생명을 풍성히 받게 된다. 성도를 향한 하나님의 사랑은 우리가 이해할 수 있는 훨씬 그 이상의 것이다. 우리는 우리 인간을 추구하시는 그 분의 사랑을 도저히 이해할 수 없다. 하나님은 쉬지 않고 어떤 성도들을 쫓아 다니신다. 하나님은 그들의 문 옆에 앉아서 그들을 얻으시며, 항상 그들과 함께 하면서 자기의 사랑을 끊임없이 그들에게 표현하는 것을 즐기신다. 하나님은 이 고상하고 순결하고 부드러운 사랑을 그들의 마음판에 새기신다. 사도 요한이 그러한 사람이다. 그는 주님으로부터 이러한 모성적 사랑을 받은 사람이었다.

하지만, 사랑이 내가 방금 묘사한대로 되어지기 위해서, 그 사랑은 하나님의 생명 안에 잠기는 높은 단계에서 하나님에 의해서 주어져야 한다. 이 사랑은 은혜를 처음 경험했던 때에 받았던 사랑과는 차원이 다른 사랑이다. 이러한 사랑의 경험은 감정적인 것도 아니며, 또한 자연인에게 속한 것도 아니라는 것을 명심하라.

믿음을 향하여 당신을 이끌어 준 이러한 영적 순례의 각 단계들은 침묵을 향해 계속해서 상승하는 어떤 움직임이라 할 수 있는 기도에 의해서 특징 지워진다. 이러한 과정 속에서 자기 본성의 능력은 점차적으로 완전히 잠잠케 된다. 기도의 마지막 단계에서는 모든 노력들이 완전히 중지된다. 영적 순례의 과정에서 이 단계에 이르게 되면, 당신은 사실상 어떤 기도도 드릴 수 없는 그러한 지점에 이르게 될 것이다. 기도를 드릴 수 있는 능력을 **빼앗긴** 것이다. 당신은 심지어 기도를 위해 특정한 시간들도 떼어놓을 수 없게 된다.

따라서 당신은 하나님께 어떤 식으로도 나아갈 수 없게 되었다고 생각하게 될 것이다. 이것이 마지막 단계이다. 이 단계에서, 당신은 벌거벗은 것과 같이 꾸밈이 없는 순전한 믿음 외에는 아무 것도 없는 그러한 순간에 이르게 될 것이다.

하지만, 죽음 이 후에 생명이 되돌아 올 때는 어떠한가? 기도도 되돌아오는가? 그렇다. 기도는 생명이 되돌아 올 때에 되돌아온다. 그렇다면, 이러한 새로운 차원에서 드려지는 기도의 특징들은 어떠한 것들인가? 기도할 때에 경이로운 평안함이 찾아온다. 이러한 기도를 드릴 때에, 달콤하고 부드러우며, 또한 매우 신령한 묵상(devotion)이 따라온다. 이것이 항상 하나님 안에서 드려지는 기도이다.

이 전에, 당신의 묵상은 당신을 당신 내면 안으로 가라앉게 하여서 하나님을 즐길 수 있게 해 주었다. 하지만, 당신의 혼이 부활한 후에 따라오는 묵상은 당신을 당신으로부터 끌어낼 것이다. 묵상의 목적은 더 이상 하나님을 즐기는 그러한 것이 아니다. 이제 묵상의 목적은 당신이 하나님 안에 더욱 깊이 잠겨서 그 분을 따라 변화되는 것이다.

이 두 유형의 기도들에는 매우 주목할 만한 차이점이 있다. 혼이 죽음의 상태에 있을 때에 그것은 침묵할 수밖에 없다. 이 침묵은 하나님에 의해서만 알려진다. 당신 존재의 다른 어떤 부분에도 이러한 침묵은 존재하지 않는다. 침묵은 무익하며, 매우 두서없고 허황된 이야기들에 의해 동반되어진다. 입술로나 마음으로 하나님께 이야기할 수 없는 무능력을 제외하고는 침묵의 흔적이 존재하지 않는다. 하지만, 부활 후에 따라오는 침묵에는 풍성한 열매가 있게 된다. 나아가서 기도할 때에는 감각들 위에 매우 순결하고 정제된 기름부음에 의해서 동반되어지면서 즐거움이 따라온다. 이 즐거움은 매우 순결하여서 앞으로 나아가는데 어떠한 장애도 미치지 못한다. 오히려, 이 즐거움은 하나님의 빛 안으로 전진해 들어간다. 이 즐거움 안에는 어떠한 얼룩도 남아 있지 않다.

내가 지금 언급하는 단계에 이르게 될 때에, 당신은 당신에게 속하지 않는 것을 취하려 노력하지 않을 것이다. 대신에, 당신은 당신의 내면 깊은 곳에 있는 어떤 근원으로부터 나오는 모든 것들을 기꺼이 받아들이려 할 것이다.

고통에 관한 한, 당신이 이 진보된 단계에 이르게 되면, 당신은 당신의 환경이 어떠하든지에 상관없이 고통으로부터 자유하게 될 것이라고 내가 감히 말할 수 있다. 단지, 하나님은 그러한 수준에 오른 성도들이 그러한 수준에 오르지 못한 다른 사람들을 위하여 고통을 당하는 것이 필요하다는 것을 알고 계신다. 하나님께서 어린 그리스도인으로 하여금 성숙한 그리스도인과 교류하게 할 수 있다면, 성숙한 그리스도인은 고통을 받을 필요가 없을 것이다. 하지만, 어린 그리스도인이 처해 있는 발달 단계는 그가 혼자서 감당할 수 없는 단계이다. 따라서 어린 그리스도인이 하나님께서 원하시는 것을 받기 위해서는 성숙한 그리스도인의 고통이 필요하다. 하나님께서 어린 그리스도인에게 주고 싶어 하는 것은 더 성숙한 그리스도인의 고통을 통하여 전달되어진다.

따라서 어린 그리스도인이 다음과 같이 말하는 것은 합당치 않다. "나는 이 성숙한 그리스도인이 나를 위해 고통당하는 것을 원치 않아!" 주님은 이 어린 성도의 내면 안에 있는 자기의 힘이 죽기를, 심지어 그로 하여금 "나는 하나님만을 갈망하고 있어. 나는 다른 사람들이 고통당하는 것을 보고 싶지 않아"라고 말하게 하는 그 힘이 죽기를 갈망하고 계신다. 어린 성도가 성숙한 성도의 고통을 거부하려 한다면, 그 어린 성도는 자신을 하나님의 질서로부터 끌어내는 것이며, 자기 자신의 개인적 성장을 중지시키게 될 것이다. 어린 성도를 위한 성숙한 성도의 이러한 대리적 고통은 어떤 특정한 목적을 이루기 위한 수단일 뿐이다. 성숙한 그리스도인의 고통은 그 수단을 통하여 목적이 성취되어질 때에 사라질 것이다.

이 고통은 하나님께 속한 어떤 것을 어린 그리스도인에게 전달하는 수단이 되는 것 외에, 또한 그 어린 그리스도인의 영 안에 은혜와 힘이 생성되어지게 한다. 고통들이 멈추어질 때에, 고통의 목적이 완수되어질 때에, 하나님께서 고통들을 통하여 자신이나, 자신의 의지를 전달하는 수단으로서 그것들을 더 이상 이용하실 필요가 없을 때에, 하나님은 그 고통들을 물리시고 자신을 어린 그리스도인에게 직접 나타내실 것이다. 고통들이 사라질 때에, 성숙한 그리스도인은 자신이 당한 고통의 목적을 온전히 깨닫게 된다. 그 때가 되면, 즉 그가 하나님의 목적 안에서 무엇을 위해 고통을 당해왔는지를 알게 되면, 그는 사실 하나님 안에서 그러한 고통들과 하나가 되었다는 것을 발견할 것이다.

하지만, 하나님은 이러한 지식을 가지고 있는 사람이 계속해서 고통당하는 것을 허락하실 수는 없다. 그렇기 때문에, 하나님께서 고통을 제거하시는 것이다. 그러면 그 성숙한 그리스도인은 어느 상태에 있게 되는가? 그는 이 전과 똑같은 상태에 있게 된다. 즉, 모든 고통들에는 죽고, 계속해서 하나님과 친밀한 연합을 누린다.

나는 이제 내가 방금 전에 말한 곳으로 다시 돌아왔다. 부활한 상태에서의 속사람은 철저하게 침묵을 지킨다. 이 성숙한 그리스도인은 이 침묵에 의해서 하나님 안에서 살고, 하나님으로부터 산다. 그가 하나님과 교통하는 것은 바로 이러한 침묵 속에서이다. 침묵은 하나님의 의사소통을 전달하고 전달받는 아주 멋진 수단이 된다.

우리는 여기에서 무엇을 보는가? 속사람이 말로 표현할 수 없는 삼위일체의 상호교제 속으로 들어갔다. 아버지 하나님은 자신의 영적 충만함을 나누어 줌으로서, 속사람으로 하여금 주님 자신과 하나가 되게 하신다. 그 성도의 영이 주님을 영접한 이후로 성령과 항상 하나이어 왔던 것같이, 이제 그의 속사람이 변화되어짐으로서 주님과 연합하게 되었다. 이 상태에서, 한 성도의 속사람은 다른 성도의 속사람과 침묵 속에서 교제를 나눌 수 있다—두 사람의 속사람이 충분히 정결하다면.

이 상태에서 말로 표현되어질 수 없는 비밀이 계시되어지는 것은 일시적인 조명에 의해서가 아니라, 하나님 자신 안에서이다(모든 비밀들은 하나님 안에 숨겨져 있다).

우리는 부활한 혼과, 그것이 이해할 수 있는 능력에 대해서 말하고 있다.

이러한 경지에 이르게 될 때에, 당신은 매우 선명하게 볼 수 있을 것이라는 생각을 할 수 있을 것이다. 하지만, 이 수준에 이르렀을 때에도 당신은 여전히 선명하게 보지 못한다는 것을 발견할 것이다. 적어도 당신의 시각으로 볼 때에, 당신은 선명하게 보지 못할 것이다(선명하게 보느냐, 그렇지 못하느냐 하는 것은 당신이 의사소통을 나누는 사람들에 의해서 알려질 것이다.)

당신이 이러한 높은 수준에 이르게 되면, 당신이 말하는 것은 어떤 것이나 매우 자연스럽게 말해질 것이다. 수준 높은 경지에 이른 사람은 자신이 말하고 있는 것에서 특별한 어떤 것을 보지 못한다. 하지만, 듣는 자들은 그러한 말들이 매우 특별하다고 생각할 것이다. 듣는 자들은 그 사람이 말하고 있는 것을 전에는 경험해 보지 못했기 때문에, 다음의 두 가지 반응 중 하나를 나타낼 수 있을 것이다.

듣는 자는 그가 들은 것이 매우 분명하며 매우 멋진 것이라고 느낄 수 있을 것이다. 혹은, 자기가 광신적인 어떤 것을 들었다고 결론을 내릴 수도 있을 것이다. 어쨌든 그는 자기가 듣고 있는 것을 결코 경험해 보지 못했다. 이 후자의 경우에도, 듣는 자는 자신이 들은 것을 경험적으로는 그것을 알지 못함에도 불구하고, 그것이 사실이라는 것을 알 수도 있을 것이다(가능성이 있다).

은사들을 가지고 살아갈 때에, 당신은 명확하지만 일시적인 조명의 빛을 가지고 살아간다. 당신이 영적으로 높이 올라가면 올라갈수록, 당신의 조명은 점점 덜 명확해질 것이다. 당신이 여기에서 설명된 그러한 수준에 이르게 되면, 당신은 단지 일반적인 조명만을 가지게 될 것이다. 이 조명은 하나님 자신에 관한 것이며, 하나님 이외의 것은 아무 것도 없다. 당신은 어떤 다른 특정한 조명도 가지지 않을 것이다.

당신은 이러한 매우 일반적인 빛-하나님 자신-으로부터 당신이 필요한 모든 것을 끌어낼 것이다. 당신이 받는 것들 중의 일부분은 당신을 통하여 다른 사람들에게 전달될 수 있다. 따라서 그들 또한 하나님으로부터 나오는 이 빛의 특정한 양태들을 받을 수 있을 것이다.

Chapter 7

　이제 우리는 하나님의 생명으로 가득 채워지는 정도까지 속사람의 변화를 경험한 성도에 관하여 많은 것들을 생각해 볼 수 있을 것이다. 이러한 것들과 관련하여 하나님 자신이 매우 귀하게 여기시는 것들이 수없이 많다. 하지만 그 분은 또한 질투하시는 하나님이시다. 하나님은 이렇게 사랑스럽고 귀한 많은 것들을 매우 평범하게 보이는, 심지어 천하게 보이는 외적인 덮개로 가리우신다. 하나님은 때로 그가 가장 사랑하는 사람까지도 격하시키신다. 그럼에도 불구하고 이렇게 평범하게 보이는 것들과 관련하여 하나님께서 사랑하시는 모든 것들을 기록하기 위해서는 수십 권의 책을 써야 할 것이다.

당신이 내가 지금까지 설명해 온 마지막 단계에 도착한다면, 당신은 단 한 순간의 중단도 없이 하나님 안에 거하게 될 것이다. 이것은 물고기가 바다에 살면서 한 순간도 바다 밖으로 나오지 않는 것과 같다. 거기에서는 하나님께서 다른 사람들의 유익을 위하여 당신 위에 두신 많은 고난들에도 불구하고, 당신은 형언할 수 없는 기쁨을 맛보게 될 것이다.

　당신이 이러한 변화를 경험하는 수준에 이르면, 심지어 이 수준을 능가하여 성장하면, 당신은 매우 단순한 사람이 되어서 당신 자신에 관하여는 어떤 생각도 하지 않은 채로, 그리고 놀랍게도 다른 사람을 위하여도 어떤 생각도 하지 않으면서 영원히 살아가게 될 것이다. 당신은 오직 한 가지의 목적만 가지게 될 것이다. 그것은 바로 하나님의 뜻을 행하는 것이다. 이러한 삶을 살려 할 때 고통을 야기시키는 많은 요인들이 당신에게 임할 것이다. 당신은 자신과 다른 사람들에 대하여 어떤 생각도 하지 않은 채로, 오직 하나님의 뜻만을 행하고 싶어 할 것이다. 그럼에도 불구하고, 당신은 다른 사람들과 함께 살면서 그들과 관계를 꾸려나가야 한다. 당신은 그렇게 깊은 수준에 이르지 못한 성도들과 함께 살 것이며, 그러한 성도들은 당신으로 하여금 당신 자신을 잘 돌보는 일에 신경 쓰라고 강요하려 할 것이다. 이러한 것들이 수준 높은 경지에 이른 그리스도인들에게 커다란 고통을 야기시킬 것이다. 그러한 경지에 이른 사람이 간단히 할 수 없는 어떤 것을 그 사람으로 하여금 하라고 강요하는 다른 사람들이 고통의 요인이라 할 수 있다. 다른 말로 해서, 다른 사람들은 하나님의 뜻에 자신들을 일치시킬 수 없기 때문에 그러한 수준에 오른 사람들에게 고통을 야기시키는 것이다.

당신이 하나님의 중심을 향한 영적 순례의 과정에서 이 시점에 이르면, 당신의 십자가가 매우 힘들게 느껴질 것이다. 하나님은 당신으로 하여금 가장 수치스러운 모욕을 당하게 할 것이다. 하나님께서 당신의 속사람 안에서 커다란 기쁨을 발견할 것이라는 사실에도 불구하고. 하나님은 당신을 매우 나약하고 매우 평범한 사람처럼 보이게 할 것이다.

그러나 당신이 당신 안에서 예수 그리스도의 모든 경험들을 받을 수 있는 것은 바로 이 시점에서이다.

하나님 안으로의 영적 순례 과정 속에서 이 수준에 이르게 되면, 당신은 그 분의 성향과 기질로 옷 입혀질 것이다. 하지만 당신은 또한 그 분의 고통의 옷으로도 입혀질 것이라는 것을 잊지 마라. 그 때에, 오직 그 때에만, 당신은 그 분이 우리 인간들로 인하여 어떠한 대가를 치루셨으며, 그 분을 향한 우리의 불신앙이 그 분께 어떠한 아픔을 드렸는지를 이해하게 될 것이다. 당신은 또한 예수 그리스도의 구속이 무엇을 의미하며, 그가 그의 자녀들을 어떻게 낳았는지를 이해할 수 있을 것이다.

나는 지금 완전한 내면의 변화를 경험하는 수준에 관해

서 말하고 있다. 이 수준은 주님과 그 분이 정복하신 속사람(internal soul) 사이에 구분이 거의 없거나, 아주 없다는 사실로 알 수 있다. 주님은 속사람이 온전히 영과 같아질 때까지 점차적으로 변화시키신다. 속사람은 자기를 더 이상 하나님과 분리시킬 수 없다. 이제 모든 것이 하나님인 것 같다. 왜 그런가? 속사람이 속사람의 근원을 통과했기 때문이다. 속사람이 모든 것의 모든 것 되시는 분(the All)과 재 연합을 한 것이다.

나는 여기에서 당신의 미래의 여정 속에 무엇이 기다리고 있는지에 대한 일반적인 개요만을 이야기하고 있을 뿐이다. 주님과의 경험이 남은 모든 것들을 당신에게 가르쳐 줄 것이다.

어떤 성도가 여기에서 설명되어진 것보다 더 완벽한 상태로 변화되어질 수 있을까? 이것이 가능하다면, 그 성도는 실상 하나님의 무한성에 참여하고 있는 셈이다. 그 성도는 종종 그가 경험한 엄청난 넓이와 깊이를 비교해 볼 때에, 온 세상은 단지 작은 점과 같다는 것을 발견할 것이다. 그가 하나님의 뜻 안에서 발견하는 모든 것들이 그의 혼(혹은 재생된 영-인간의 영과 혼이 이제 거의 하나가 되었기 때문에)을 확장시킬 것이다. 만약에, 이러한 확장 혹은 팽창이 계속 일어난다면, 혼은 완전히 사라질 것이다. 이러한 일이 일어나는 것을 막기 위해서, 혼은 하나님의 뜻 안에 있지 않은 혼 주변의 것들에 의해서 제한되어지기도 한다.

　나는 변화를 가져오기 위한 수단이 당신의 영이라는 것을 지적하고 싶다. 당신의 존재의 중심은 당신의 의지를 포함하여, 당신의 영과 연합한 당신의 기능들 외에는 아무 것도 아니다. 변화를 경험하면 할수록, 당신의 영은, 그리고 그 영 안에 있는 당신의 의지는 더욱 변화되어져서 하나님께 속한 것들로 변화되어질 것이다. 혼이 하나님의 영 안에서 행동하고 일을 한다. 따라서 하나님의 영의 의지가 당신의 의지를 대처하게 된다. 이것이 너무도 자연스럽기 때문에, 당신은 당신의 의지가 하나님의 뜻을 행하는지, 아니면 하나님의 의지가 당신의 의지가 되는지를 구별할 수 없을 것이다.

　주님은 종종 그렇게 변화된 성도들에게 매우 특별한 희생을 요구하신다. 하지만, 사실 거기에는 희생이 전혀 따르지 않는다는 것을 덧붙여 말하고 싶다. 왜냐하면 그러한 사랑은 그 분께 모든 것을 기꺼이 바치려 할 것이기 때문이다. 생각해보거나 주저할 것이 전혀 없을 것이다. 사실, 많은 대가를 지불해야 하는 것은 더 작은 희생들이다. 큰 희생들은 거의 아무런 대가도 필요로 하지 않는다. 왜냐하면 그것들은 당신의 혼이 어려움 없이 그러한 희생에 순종할 수 있을 때까지는 요구되지 않기 때문이다.

　예수 그리스도께서 이 땅에 오시는 것과 관련한 말씀이

여기에 있다.

> 이에 내가 말하기를 하나님이여 보시옵소서 두루마리 책에 나를 가리켜 기록한 것과 같이 하나님의 뜻을 행하러 왔나이다 하시니라(히 10,7).

예수 그리스도가 어떤 성도의 안으로 들어오실 때에는 그 분이 그 사람의 살아있는 원리가 된다. 예수님께서 그 사람 안에서 그 분의 일을 끝마치실 때에, 예수님은 그 사람의 속사람 안에서 그 분의 제사장직을 끊임없이 성취하시는 영원한 제사장이 되신다. 이것은 장엄한 일이며, 성도가 영광으로 들어갈 때까지 계속되어질 것이다.

당신의 속사람이 변화되어질 때에, 주님은 매우 실제적인 방식으로 다른 사람들을 도와주는 일을 당신에게 맡기신다. 당신은 더 이상 어떤 것에 관해서도, 특히 당신 자신에 관해서도 불안해하지 않을 것이다. 왜냐하면 당신에게는 잃을 것이 아무 것도 없기 때문이다. 결과적으로, 하나님은 다른 사람들을 성령의 인도를 받는 그와 똑같은 길로 이끌기 위하여 당신을 사용할 수 있을 것이다. 당신이 여전히 당신 자신에 사로 잡혀 있는 동안에는, 주님께서 이 목적을 위하여 당신을 사용하실 수 없을 것이다. 왜 그런가? 당신이 주님의 뜻을 아직 온전히 따르지 않기 때문이다. 당신은 주님의 뜻을 당신 자신의 생각과 헛된 지혜와 뒤섞는다. 당신은 당신이 지도하고 이끄는 사람들로부터 항상 어떤 것을 유보하려 할 것이다.

나는 변화된 사람이 항상 다른 사람들의 단점을 지적할 것이라고 말하는 것이 아니다. 절대 그렇지 않다. 주님은 성숙한 그리스도인이 또 다른 그리스도인에게 그 사람의 삶에 장애물이 무엇이며, 그 삶에 어떤 일이 일어나야 하는가에 대해 지적하는 것을 허락하지 않으실 것이다. 이러한 것들에 대해서 많이 나누게 되면, 다른 사람들의 진보에 해가 될 것이기 때문이다. 참으로 변화를 받은 사람은 일반적인 용어와 일반적인 원리들을 가지고 말할 것이다. 변화된 사람이 듣기 힘든 것들에 대해서 이야기한다면, 당신은 그리스도 또한 그러한 것들을 말할 능력을 가지고 있었다는 것을 기억해야 한다. 그러나 당신의 주님은 합당한 상속자들에게 그들이 듣는 것을 견딜 수 있는 비밀스러운 힘을 주실 수 있는 능력을 가지고 있다는 것을 기억하라.

적어도, 나는 우리 주님께서 오직 그 자신을 위하여 선택한 사람들에게 비밀스러운 힘을 주실 것이라고 말하고 싶다. 그 분이 만지고 계신 사람들에게 이러한 그 분의 힘을 나누어 주는 것이-그렇게 함으로서, 주님은 그 사람을 온전히 변화시키고자 하신다-사람을 변화시키는 이 전반적인 일의 시금석이라 할 수 있다.

잔느 귀용의 시

　사실상, 잔느 귀용의 시들이 지어진 시간이나 장소나 환경에 대하여 알려진 것은 아무 것도 없다. 따라서 이 시들을 분류하기가 매우 어렵다. 그렇기 때문에 우리는 잔느 귀용이 19살 때에 지은 것으로, 우리에게 알려진 그녀의 가장 첫 작품부터 시작함으로서 그녀의 시들을 배열하기로 결정했다. 이 시가 그녀의 온 생애에 대한 예언적인 내용을 담고 있다는 것이 증명되어졌다. 맨 마지막으로 배열된 시들에는 "투옥"이라는 주제가 담겨있다. 이 시들 중 어느 것들이 그녀가 투옥되어 있었던 9년 동안에 쓰여 졌고, 또 어떤 시들이 그 후에, 즉 그녀가 추방되어졌던 시기에 지어졌는지는 분명치 않다.

19세에 지은 시

오직 고통을 당함으로서,

우리는 인생의 어떠함을 알 수 있다.

고통은 우리 혼의 시련들로서,

우리의 사랑이 얼마나 진실 되고,

얼마나 순수한지를 보여준다.

나의 사랑을 의혹 가운데 남겨두는 것은

비참한 상태와 다를 것이 없는 치욕이다.

따라서 나는 나의 구세주가 나에게

짊어지라고 명령하시는 십자가를

진심으로 환영한다.

그 분을 위해 짊어지거나 당하는

어떠한 짐과 시련도 힘들지 않다.

따라서 나의 슬픔은 그 이름이 받아 마땅한

사랑을 선포할 것이다.

신적 정의

오 정의로우신 분이여,

당신은 번개를 가지고 있지 않은 것 같아요!

혹은, 제가 그 번개의 힘을 모르고 있을지도 모르지요.

당신이 나를 쳐서 먼지로 만드신다면,

나의 혼이 그 힘을 시인할 것입니다.

평안을 추구하기보다

당신의 길을 더욱 찬양하고

싶어 하는 자들은

당신이 분노하고 계실 때에도

당신 안에서 찬양의 대상을 바라봅니다.

나는 내가 어두운 밤중의 그늘에

누울 수 있고, 숨겨질 수 있어서 기쁩니다.

당신의 분노를 피하기 위함이 아닙니다,

단지 당신의 얼굴을 슬프게 하지 않기 위함입니다.

내가 당신을 격동케 했습니다, 나를 치소서!

그래도 나는 여전히 당신을 사랑할 것입니다.

받아 마땅한 의로운 매로 인하여 내가 죽는다 할지라도,

그것이 나를 기쁘게 할 것입니다.

당신이 계획하고 있는 가장 힘든 것을

내가 받아 마땅하지 않습니까?

그럼에도, 감히 내가 당신의 보좌를 다시 구하고,

당신의 거룩한 눈을 마주 대해도 되겠습니까?

당신은 나를 힘들게 하기는커녕,

자비를 나타내고 계십니다.

내가 가장 슬퍼할 시기에,

나는 당신의 은혜로 인한 감동이 내 온 몸에

퍼지고 있음을 발견합니다.

아아! 당신이 나를 다시 구하셨군요,

당신의 분노가 임해야 하는 때에도,

나의 고통을 감당하기에

당신은 너무나 부드러우셔서

사랑으로 나를 달래고 계시군요.

나는 어떠한 처벌도 두려워하지 않습니다.

하지만, 아! 당신으로부터 나오는 그 미소가

재앙이 내게 줄 수 있는 것보다

훨씬 더 큰 아픔을 가져다줍니다.

하나님의 다루심

어느 날, 배를 타고 바다를 항해하려 하였다.

배에 오르려 할 때에,

사랑(Love)이 파도 속에서 넘실거리고 있었다.

그는 "빨리 올라가서 끝없는 바다로 나아가 보자"고 말했다.

많은 선원들이 거기에 있었고,

각자에게는 그들이 해야 할 임무들이 있었다.

배를 젓는 사람들은

별이 총총한 하늘에 그들의 눈을 고정하고 있었고,

다른 사람들은 배의 방향을 틀거나,

방향을 바꾸어주는 바람을 끌기 위하여

돛의 방향을 돌리고 있었다.

하나님께서 능력으로 공급해 주신

사랑이,

갑자기 나의 용기를 시험하였다.

일순간에 밤이 되었고,

배와 하늘은 보이지 않게 되었다.

나는 파도에 누운 채

바람을 따라 떠내려가고 있었다.

이러한 갑작스러운 변화에

내가 분개하고 있는가?

내가 해변에 머물러 있었으면

좋았을 걸 하며 후회하고 있는가?

나는 소리쳤다.

"내 영혼아, 잠잠하라. 내가 이렇게 홀로 남겨져야 한다면,

그렇게 되리라"고 소리쳤다.

그 후에 그는 내가 기대고 누워있던 버팀목들을 서둘러 치웠고,

나의 떠내려가는 것을 멈추게 한 후,

바다에게 입을 벌리라 명하였다.

따라서 나는 납과 같이 밑으로 가라 앉았고,

바다는 나를 삼킨 후 입을 닫아 버렸다.

하지만, 내 생명은 여전히 안전했다.

그리고 나는 그가 돌아서서 웃는 것을 볼 수 있었다.

그가 외쳤다. "친구여, 겨울의 찬바람이 부는 동안에는

낮은 곳에 누워 있게나.

봄이 돌아와 대양을 잠잠케 할 때에,

일어나 다시 떠나가게."

곧 나는 그가 날개를 펴고 날아오르는 것을

경이로움 속에서 바라보았다.

이제 나는 그의 재빠른 비행을 바라보고 있었다.

내가 동경하는 그가 떠나갔다.

따라서 더 이상 그를 찾는 것은 헛수고가 될 것이다.

나의 사랑이 사라졌을 때에,

내가 얼마나 두렵고 떨었는가!

나는 "파도가 나를 삼켜 버리도록

나를 이대로 두고 떠나실 건가요?"하고 외쳤다.

하지만 내 소리를 그의 귀에 닿게 하는 것은 역부족이었다.

사랑은 떠나버렸다.

아! 제발 돌아와 나를 사랑해 주세요!

당신의 뜻에 복종하고 있는 나를 보세요.

분노로 얼굴을 찡그리시든지, 아니면 은혜로 미소를 지어주세요.

제발 나로 당신의 얼굴을 보게 해주세요!

나에게는 두려워할 악이 없습니다.

당신만 내 곁에 계신다면, 모든 것이 좋습니다.

하지만 그 분은 잔인한 운명처럼 나를 떠나갔다!

내가 죄를 범했나요? 그렇다면, 제발 가르쳐 주세요.

나에게 말해주세요. 그리고 나의 죄를 용서해 주세요.

내가 동경하는 왕이신 주님,

이제 내가 당신의 얼굴을 더 이상 볼 수 없나요?

화내지 마세요.

이제부터는 나의 모든 의지를 당신께 맡기겠습니다.

당신의 공백이 나의 마음을 아프게 하지만,

당신이 떠나가는 것을 받아 들이겠습니다.

그러니 가십시오, 또한 영원히.

당신이 하는 것은 어느 것이라도 옳습니다.

이 모든 것들은 사랑(Love)이 계획한 것이었다.

그의 마음은 이제 더 이상 상하지 않아도 되겠지.

이렇게 내가 다시 어린 아이가 되자마자,

사랑이 나에게 돌아와 미소를 지었다.

이제 신랑과 그의 신부 사이에는

결코 더 이상의 다툼이 없게 될 것이다.

십자가의 기쁨

오랜 동안 슬픔에 잠긴 후,

나는 사랑스러운 당신의 손에

남김없이, 혹은 두려움 없이

나의 영혼을 맡깁니다.

그 손이 흐르는 나의 눈물을 닦아 주겠지요.

혹은, 흐르는 눈물을 놀라운 기쁨의 미소로 변화시켜 주겠지요.

당신에 대한 사랑이

내 영혼 안에 있습니다.

땅 아래에나, 혹은 하늘 위에도

그 사랑을 간직할 곳은 없습니다.

내가 열정적으로 기도한다 할지라도,

밤낮으로 당신을 조른다할지라도,

나는 그 이상은 어떤 것도 구하지 않을 것입니다.

나의 빠른 시간들이 사랑의 달콤한 힘에 의해서,

그리고 당신의 주권적인 의지에 의해서 정해진 길을

따라가고 있습니다.

비록 태어날 때부터 고통을 받아왔고,

여전히 고통을 받고 있지만,

그러한 나의 운명을 피하고 싶지는 않습니다.

내가 탈선할 때마다,

당신의 명령에 의해서 슬픔이 나를 따라다닙니다.

이것은 결코 실수하지 않는 친구입니다.

나의 고통이 당신을 더욱 찬양하게 하고 있다면,

그것은 내가 아주 만족하고 있다는 증거입니다.

슬픔이 여전히 나를 따라다니게 하십시오!

이 세상의 헛된 쾌락들이여, 안녕!

재미없는 스포츠여, 유치한 웃음이여,

나는 너희들 안에서 아무런 맛도 즐기지 못하였구나.

알려지지 않은 기쁨이 십자가에 있네.

나에게 있어서 다른 모든 즐거움은 찌꺼기와 같네.

그리고 예수님 또한 그렇게 생각하고 있다네.

십자가! 오 얼마나 황홀하고 축복이 되는지!

십자가의 고통이 얼마나 감사한지,

십자가의 쓴 맛은 얼마나 달콤한지!

모든 감각과 모든 생각이 십자가 안에서 정화되어지며,

그 안에서 완벽한 행복을 맛볼 수 있다네.

천하고 세속적인 즐거움을 경멸할 수 있게 된 사람들은

그들의 기품을 계속해서 유지할 수 있다네.

그들의 열정적인 욕망이 모두 사라졌기 때문이지.

사랑 안에 모든 참된 맛이 있으며,

그것은 우아하고 정결하다네.

자기 사랑은 슬픔 속에서 아무런 은혜도 보지 못하고,

오직 자기 자신의 평안함만을 구한다네.

이것이 그녀가 알고 있는 모든 축복이라네.

하지만 참된 사랑은 더욱 고상한 목표를 세우며,

자기 부인 속에서 기쁨을 발견하고,

고통 속에서 평안을 찾는다네.

슬픔과 사랑은 함께 하는 이웃이라네.

어떤 높음이라도 어떤 깊음이라도 하늘이 정해주신 이 연합을

분리시킬 수는 없네.

그들은 하나라네.

인생의 경주가 다 마쳐질 때까지,

그들의 연합된 손은 떼어지지 않으리.

우리 타락의 보복자이신 예수님,

당신은 십자가가 낳은 가장 신실하신 연인이십니다.

생명이 당신의 목소리에 있으며,

얼마나 많은 고통이 당신의 선택에 의한 것이었는지를

말해주십시요.

당신은 게으름과 편안함을 꾸짖으시는 분이십니다!

당신의 선택과 나의 선택이 똑같은 것이 될 것입니다.

영원히 타올라야 할 거룩한 불을 일으키시는 분이여!

십자가를 지고 사랑과 의무가 인도하는 곳으로 당신을 따르는 일

이 나의 상속이며 나의 찬양이 될 것입니다.

주님, 당신만이 나의 세계입니다

오랜 시련을 통하여,

주님 곁에는 어떤 슬픔도 오래 동안 지속될 수 없음을

발견했습니다.

나의 주님! 얼마나 달콤한 경험들이었는지요.

오랜 추방의 세월이 지나가고 있습니다.

아름다운 모든 장면들이 거룩한 사랑으로

감명을 받은 이들에게 증거하고 있습니다.

그들이 거하는 곳마다, 그들은 당신 안에 거하고 있습니다.

하늘 위든지 땅 위든지 바다 위에든지.

나에게는 이 세상의 어떤 장소나 어떤 시간도 남아있지 않습니다.

나의 나라는 모든 지역에 있습니다.

나는 어느 곳에서든지 평정을 찾고,

또한 근심으로부터 자유케 될 수 있습니다.

왜냐하면 하나님이 거기에 계시기 때문입니다.

우리가 찾는 장소도 있고, 피하는 장소도 있지만,

우리 영혼은 어디에서도 행복을 발견하지 못합니다.

하지만, 우리의 길을 인도하시는 하나님과 함께라면,

떠나는 것이나, 머무는 것이나 모두 동일한 기쁨입니다.

당신이 계시지 않는 곳에 내가 버림을 받는다면,

그것은 정말로 두려운 일이 될 것입니다.

하지만, 내가 하나님을 발견할 수 없을 만큼

멀리 떨어진 곳은 없습니다.

주님, 당신만이 나의 세계입니다.

내가 나의 나라라고 주장하거나 소유할 수 있는 다른 것은

아무 것도 없습니다.

나의 모든 소망들이 만나는 지점,

나의 법이며 나의 사랑이신 당신 안에서만,

인생이 참으로 달콤합니다.

나는 이 아래에서는 아무 것도 붙잡고 있지 않습니다.

나의 여정을 말씀해 주십시오. 그러면 떠나겠습니다.

조롱을 받아 아프고, 교만에 의하여 짓눌림을 당한다 할지라도,

나는 당신의 선하심을 믿습니다. 다른 생각은 없습니다.

인간들의 어떤 불쾌함도 하늘의 사랑으로

불타오르고 있는 사람들을 상하게 할 수는 없습니다.

인간들과 악한 영들이 동시에 정죄하며 괴롭힐지라도,

그들에게는 우울한 날이 있을 수 없습니다.

아, 그 분의 품 안에 치유가 있네!

내 영혼아, 너는 그 품을 이미 알고 있구나.

그 안에서는 하나님의 사랑이 너의 보호자가 될 것이며,

평화와 안전이 너의 보상이 될 것이다.

사랑받지 못하는 연인

내 마음은 평안하고, 내 짐은 가볍습니다.

하나님께서 보이는 동안에는, 슬퍼도 미소를 지을 수 있습니다.

남몰래 애통해 하는 고뇌들이 많으면 많을수록,

나는 당신의 선함을 더욱 맛볼 수 있고,

그래서 당신을 더욱 사랑합니다.

엄숙한 고요함이 내 주위를 감싸고 있는 동안에,

나의 영혼은 믿음과, 사랑과, 소망으로 충만해 집니다.

세상 사람들은 내가 염려로 인하여 눌려 있다고 생각하지만,

나는 아무도 모르는 천사들의 기쁨을 가지고 있습니다.

오. 지고한 선이시여!

당신의 피조물들이 당신을 학대하고 있습니다.

당신에 대한 이해가 없음으로, 당신을 사랑하지 못하고 있습니다.

당신의 미소에는 관심이 없이,

헛된 것들을 추구하며 감사할 줄 모르는 사람들,

이것이 나를 가장 슬프게 합니다.

헛된 아름다움과 거짓 영광이 존경을 받고 있습니다.

그들은 당신을 조롱하며, 당신의 말씀을 하찮게 여기고 있습니다.

구원자의 슬픔에는 전혀 관심이 없이,

죽기를 각오한 채로 멸망을 찾아 헤메이고 있습니다.

기다림

"아버지 사모합니다! 당신의 거룩한 뜻을 이루소서.

당신의 발아래에 엎드립니다,

당신의 사랑스러운 징계를 거부하지 않겠습니다.

또한 당신의 분노도 피하지 않겠습니다.

약하기는 하지만, 모든 다른 것들과 단절되어 있는 나의 마음을,

무슨 일이 일어나든 당신의 뜻에 맡기겠습니다."

서두르십시오

나의 남편이신 사랑스러운 주님!

인간들이 사는 곳은 어디에서나 통치하소서.

그 때에 나는 부유와 충만함을 경험할 것이며,

모든 인간들의 마음이 당신의 것이 될 것입니다.

모든 것들이 당신의 것은 아니라고 생각할 때에,

천 가지의 슬픈 일들이 내 심령을 찌릅니다.

아, 이 끝에서 저 끝까지 찬양을 받으소서.

당신의 열정이 어디에 있습니까? 일어나 드러내소서.

나는 한 마리의 작은 새입니다

나는 공중을 날지 못하는

한 마리의 작은 새입니다.

나는 새 장 속에 갇혀서

나를 그 곳에 두신 분께 찬양을 드립니다.

사로잡힌 나는 매우 만족해하고 있습니다.

왜냐하면 나의 이러한 모습이 그 분을 기쁘게 하기 때문입니다.

나는 하루 종일 찬양할 뿐,

다른 아무 일도 할 것이 없습니다.

그리고 내가 가장 기쁨을 드리고 싶은

바로 그 분이 나의 노래를 듣고 계십니다.

그 분이 방황하는 나의 날개를 잡아 묶어 놓으셨습니다,

하지만 그 분은 여전히 내 노래 소리에 경청하십니다.

당신은 들을 귀를 가지고 계시며,

사랑하고 축복하는 마음을 가지고 계십니다.

내 음조가 귀에 거슬릴지라도,

당신은 여전히 귀를 기울이십니다.

음조가 떨어질 때에도,

달콤한 사랑이 노래에 영감을 불어 넣어줍니다.

새장이 나를 제한하기 때문에

나는 멀리 날 수가 없습니다.

그러나 나의 날개가 단단히 묶이기는 했을지라도,

나의 마음은 자유합니다.

나를 가두고 있는 벽이 벗어남, 즉 내 영혼의 자유로움을

제한할 수는 없습니다.

오! 이 빗장과 창살을 넘어

내가 사랑하는 당신에게로

날아오르는 것이 얼마나 좋은지요.

나는 당신의 섭리를 사랑하고,

당신의 목적을 좋아합니다.

그리고 나는 당신의 강력한 뜻 안에서

기쁨과 마음의 자유를 발견합니다.

사랑이 나로 범죄케 했다

사랑이 나로 범죄케 했네.

이것 때문에 그들이 나를 이곳에 가두었고,

나는 내가 그렇게 소중히 여기는

그 분을 위해 이렇게 오래 동안 갇혀 있다네.

하지만, 나는 이곳에 들어올 때처럼,

여전히 거룩한 불꽃에 복종한다네.

아! 어떻게 하면 더 성장할 수 있을까?

어떻게 하면 내 마음으로부터 날아갈 수 있을까!

나를 가둔 그들은 참 사랑이

결코 꺼지지 않는다는 것을 알아야 해.

그렇다. 참 사랑을 밟고 짓눌러 보라!

그것은 다시 살아서 타오를 것이다.

이것 때문에 내가 벌을 받아야 하는가?

그 분이 항상 내 눈 앞에 계시네.

내 안에 불을 지피신 그 분이

그 불을 항상 밝게 하신다네.

이것 때문에 그들이 나를 때리고 비난한다네.

내가 사랑하는 것을 멈출 수 없기 때문에.

어떤 능력이 그 광채를 흐리게 할 수 있을까?

이 광채는 위로부터 떨어진 것이라네!

영원한 생명은 결코 썩지 않을 것일세.

하나님이 사랑의 생명이라네.

오직 생명의 근원이 끊어질 때에만,

빛이 더 이상 비추지 않겠지!

하나님의 영광과 선하심

광대하신 하나님! 위대하고 비할 것이 없으신 분!

당신의 빛은 저 너머에 있는 태양 빛도 무색케 합니다.

당신의 것과 비교할 때에 태양의 아름다움은 아무 것도 아니며,

당신 앞에서는 그 금빛의 광채도 소멸되어집니다.

오 하나님! 당신의 모든 피조물들이 하나같이 동의합니다.

모든 시대와 모든 장소에 사는 사람들이 당신에 대해

이야기 합니다.

나도 떨리는 마음과 더듬거리는 말로 당신을 찬양하며,

모든 사람들의 노래에 참여합니다.

이 놀라운 계획을 만드신 전능하신 하나님!

우리는 당신의 형상인 인간들 안에서

당신을 희미하게 볼 수 있습니다.

거룩하고 의로우신 분이시여!

당신의 위대함이 온 우주를 채우고 지지하고 있습니다!

우리 영혼의 영혼이시여!

당신은 무한한 공간을 거처로 삼고 계십니다.

하지만, 우리의 어떤 지각도 그것을 알아채지 못하고 있습니다.

그림자가 당신의 장엄한 보좌를 두르고 있습니다.

그것이 당신의 얼굴을 가려서 당신을 보지 못하게 하고 있습니다.

당신은 알려지지 않은 채로 우리의 가장 깊은 곳에 계십니다.

모든 생각들의 주이시며, 마음을 다스리시는 분!

당신은 나의 축복이십니다.

나는 당신의 빛을 따라 움직입니다.

하나님!

내가 사랑할 수 있는 모든 것이 당신 안에 거하고 있습니다.

당신의 능력과 은혜가

지각이 없는 우리 인류를 보살피고 축복합니다.

나는 어디를 가든지 이것을 경험하고 있습니다.

오! 결코 지루케 하지 않을 이 진리를 반복해서 선포하세.

어떤 신도 내 영혼이 소망하는 하나님과 같지 않다네.

하늘도 그 분의 목소리에 진동하네.

그렇게 위대하신 분이 나에게 몸을 굽히시는 법을 알고 계시다니!

이 세상의 헛된 구경거리와 겉치레여, 안녕!

나의 기억에도 마음속에도 너희들이 거할 곳이 없구나!

나는 하나님의 사랑 안에서 부유해졌네.

그 사랑 외에는 아무 것도 가지지 않은 것을 의식함으로,

나의 가장 고귀한 자존심이 솟아나고 있구나.

자기 자녀들에게 사랑의 원천이 되시는 하나님

내가 주님을 사랑합니다.

하지만 그 사랑은 내게 속한 것이 아닙니다.

나에게는 나누어 줄 사랑이 없기 때문입니다.

내가 주님을 사랑합니다. 하지만 모든 사랑은 당신의 것입니다.

당신의 사랑으로 내가 사랑하기 때문입니다.

나는 아무 것도 아닌 것과 같아서,

당신 안에서 비워지고 당신 안에 완전히 잠기고 싶습니다.

오! 주님, 당신만이 당신의 모든 자녀들이 필요로 하는

분이십니다.

당신 외에는 아무도 없습니다.

축복의 시내가 당신으로부터 흘러 나옵니다.

축복 받은 자들이 당신 안에 거합니다.

당신은 생명의 근원이시며, 풍성한 은혜이시며,

우리의 근원이시고, 우리의 중심이시며, 우리의 거처가 되십니다.

참사랑의 묵인

사랑이시여! 내가 당신이 정하신 희생제물이라면,

오셔서 당신의 산 제물을 죽이시며,

당신의 불을 준비 하소서.

나로 하여금 당신의 풍성한 자비를 맛보게 하사,

모든 자들이 원하는 그러한 죽음을 맞이하게 하소서.

내게 남아 있는 시간들을 보니,

그것들이 쏜살 같이 지나가고 있습니다.

내가 이곳에서 괴로워하며 보낸 시간이 오랩니다.

하지만 나의 모든 생각들은 거리낌 없이

즐거움과 진실함으로,

당신의 목적들에 순종했습니다.

사랑이 나에게 생명을 명하든 죽음을 명하든,

또는 고통을 명하든 고통의 경감을 명하든

나에게는 한결 같습니다.

내 영에게는 고통이 아무 것도 아니며,

건강함이나 고통의 경감도 아무 것도 아닙니다.

내 영이 사모하는 선한 것이 있다면,

그것은 오직 당신의 뜻을 선택하여,

이기적인 편견으로부터 자유함을 얻는 것입니다.

그리고 당신을 기쁘시게 한다면, 나는 궁궐보다 오두막집을

선택하고, 안락보다 비애를 더 사랑하겠습니다.

우리가 십자가를 져야 한다는 것이 당신의 명령입니다.

세상에 죽고 더 이상 자기를 위해 살지 않겠습니다.

인생의 난파를 당하는 것이 당신을 기쁘시게 한다면,

가장 냉혹한 손아래에서도 움직이지 않고 고난을 당하겠습니다.

감옥도 하나님과 나를 갈라놓지 못하네

튼튼하게 쌓여진 내 주위의 벽들이

온 종일 나를 두르고 있다.

하지만 이렇게 나를 묶어둔 사람들도

나로부터 하나님을 떼어놓을 수는 없다.

내가 갇혀있는 감방의 벽들은 매우 귀한 것이다.

내가 사랑하는 하나님이 이 안에 계시기 때문이다.

이렇게 나를 압제하는 사람들은

홀로 처하는 것이 어렵다는 것을 알고 있지만,

철장과 벽을 뚫고 들어 오셔서 나를 축복하시는 분을 모르고 있다.

그 분은 내 감방의 어두움을 밝게 하시며,

내 마음을 기쁨으로 채우시는 분이시다.

오 하나님, 당신의 사랑이 한숨과 눈물뿐이었던 나를 찬송으로

회복시켰습니다.

내 영혼 깊은 곳에서부터 당신을 찬양합니다.

내가 처한 시간과 공간은 전혀 문제가 되지 않습니다.

건강할 때에든지 아플 때에든지 내가 당신께 구하는 것은,

오직 당신의 거룩한 의지와 연합하는 것입니다.

이것이 나의 보배이며,

이것이 나의 소득입니다.

재앙을 기쁨으로 바꾸시고,

고통으로부터 기쁨을 수확하게 하셨습니다.

오! 무슨 일이 일어나든지,

하나님께서 모든 것의 모든 것이라는 것을 아는 것으로

충분합니다.

사랑함으로서 알 수 있는 하나님

나에게 하나님을 알 수 있는 능력을 주는 것은

인간 예술의 기교가 아니다.

마음에 주어지는 거룩한 교훈들은

이 땅의 도구들로부터 오지 않는다.

사랑(Love)이 내 교사이다.

그는(Love) 위에서 배운 기이한 것들을 말해줄 수 있다.

어떤 다른 교사들도 그렇게 잘 알지는 못한다.

이 사랑(Love)만이 사랑(Love)에 대해 이야기할 수 있다.

오! 당신이 하나님에 대해서 배우려 한다면,

그 분의 지혜와 선하심과 영광을 보려 한다면,

인간의 모든 예술과 지식으로는 불가능하며,

오직 사랑만이 당신의 교사가 되게 하라.

사랑이 나의 주인이시다. 먼동이 트고,

아침이 밝아 올 때에,

오 하나님! 내 영혼은 당신을 향하여 눈을 뜨며,

사랑이 하루 종일 내 영혼을 가르친다.

그런 후 낮의 빛이 물러나고,

자정이 어두움을 드리울 때에,

사랑의 비밀스러운 속삭임은 여전히

거룩한 교훈들을 내 혼에 일깨워 준다.

밤중에 드는 하나님 생각

오 밤이여!

너는 나에게 호의를 베풀고 있구나,

너의 검은 그림자가 넓게 드리워서,

나의 기쁨과 고통을 함께 가려주고 있구나.

아침이 그녀(아침)가 눈물을 보이여,

나의 고통에 참여하는 것처럼 보일지라도,

너의 커튼을 다시 거두어 가지는 말아다오!

오 별들이여! 너희들의 희미하고 약한 불꽃들은

점점 쇠약해져 가는 나의 소망들을 표현해 주고 있구나.

온 하늘에 고루 미치고 있는

너희들의 가냘픈 광선들은

내 영혼에서 방출되어 나의 불꽃을 저 북극 너머에까지

미치게 하는

나의 비밀스러운 한숨과도 같구나.

너희들의 광선들은 충분치 못하여

어두움을 관통하기는 하지만,

몰아내지는 못하는구나.

비추기는 하지만, 이 아래의 다양한 모습들을 보여주지는

못하는구나.

하지만, 너희들은 전혀 방해가 되지 않으며

오히려 거룩한 사랑을 자극해 주는구나.

오, 달이여! 변함없는 너의 회전 주기가

섭리의 힘에 대해서 말해주고 있구나.

별들의 이름을 지으신 분에게 가서

내 불꽃의 소식을 전해주렴.

그 분이 부재하면 나는 죽을 것 같고,

그 분이 함께 하면 나의 힘은 솟구치는구나.

그 분은 나의 모든 생애를 얼룩지게 할 수도 있고

밝게 할 수도 있는 분이시다.

너는 그 푸른 우주 공간에서,

빠른 경주를 하고 있구나.

또한 열려있는 그 분의 귀에

나의 한숨과 눈물의 언어를 속삭이고 있구나.

그 분에게 내가 저 밑에서 그 분을 간절히 찾고 있으며,

고통의 광야에서 길을 잃고 있다고 말해주렴.

생각을 자아내게 하는 조용한 시간들이여,

그대들이 나의 모든 기력들 위에 평화를 부어주는구나.

생각하는 자들의 친구들이여! 자네들이

가장 어두운 그늘 속에 내가 느끼는 불꽃들을 숨겨주는구나.

나의 힘을 축나게 하는 사랑을 내가 너희들에게 위탁하고 싶구나.

밤중에 나의 생각이 얼마나 잠잠한지!

내가 발견하는 평화가 얼마나 완벽한지!

오! 나의 모든 존재들이여 잠잠하거라.

혀도, 맥박도, 심장 고동도, 쉬!

그 사랑이 한 순간도 멈추지 않도록.

마음을 시험하시고, 중심을 살피시며,

우리의 많은 고난에 자비를 베푸시는

전지하신 하나님!

제가 감히 당신께만 고하오니,

제발 당신의 계명을 두려워할 줄 모르는

사람들의 잔인한 손에서 나를 구원하소서.

모든 것을 정복하시는 사랑의 하나님,

당신은 진정으로 당신의 피조물들을 돌보시는 분이십니다.

자신에게가 아니라,

오직 당신에게 헌신된 마음속에서 통치하소서.

열등한 사랑을 위하여 마음이 동요될 수 없고,

더 열등한 사랑을 위하여 당신을 포기할 수 없는 신부를

귀하게 보소서.

온전한 복종

평화가 자기의 웃는 얼굴을 드러낸 채

당신의 혼을 자기에게로 끌어당기고 있네.

이기적인 사랑을 단념한다면

평화를 즐길 수 있겠지만,

그렇지 않다면 평화를 구하는 것이 헛된 일이 될 것일세.

그녀는 진리를 사랑하는 자들과 함께 머물지만,

진리를 추구하지 않는 자들을 따라다니지는 않는다네.

단순한 마음으로

당신이 가지고 있는 모든 것과,

당신의 온 존재를 주님께 드리게.

하나님께서 주시는 힘 외에 다른 모든 힘들은 포기하게나.

그러면 평화는 영원히 당신의 것이 될 것일세.

내가 지나온 길을 바라보게

내가 하나님이 계신 집으로 갈 때까지.

오직 하나님께만 영광을

오 사랑이시여! 당신은 인간들보다 훨씬 더 귀하고,
그들이 가장 즐거워하는 것보다 더 귀하지만,
충분한 사랑을 받지 못하고 계십니다.
아무도 당신을 충분히 사랑하지 않지만,
세속적인 것들로부터 자유함을 얻은 사람들은
당신 안에서 그들의 모든 것을 발견합니다.

하나님의 영광이시여! 당신은 이 땅에서 사람들이 알지도 못하고,
알고 싶어 하지도 않는 이방인으로 사셨습니다.
하지만 우리의 믿음과 이성은 영광의 자리에 계신 인자를 보고
깜짝 놀랐습니다.

내 영혼아! 너의 낮은 상태에 만족해하며 머물러 있으라.
높임을 받거나 위대해지기를 바라지 말고.
하나님의 뜻을 받아 들여,
그것이 너의 영광이 되게 하려므나.
그러면 모든 풍요로운 것들이 너의 것이 되리.

그 분의 의로운 칙령으로 인해 그 분을 의롭다고 고백하게.

그 분이 사랑하는 것을 사랑하고,

그 분이 즐거워하는 것을 즐거워하게.

매일 죽게나. 죄의 유혹으로부터 피하게.

그러면 자네는 그 분에게 면류관을 드린 것일세.

그 분이 자네를 다스릴 걸세.

우리 위에 있는 빛

저 하늘 너머에는

우리 눈에 보이지 않지만,

우리의 내적 감각으로는 분명히 알 수 있는 빛이 있네.

이것은 빛나는 섭리의 별.

중앙 보좌에서 나오는 광선.

이것은 하나님, 오직 하나님으로부터 나오는 것이네.

이 빛은 결코 희미해지지 않으며,

이별은 베일속에서 빛나고 있네.

이 세상의 두려움들에 의해 영향을 받지 않는 믿음이

마음의 눈에 생명을 주리. 비록 눈물로 가득 차 있다 할지라도.

그러면 밤과 같은 어두움에 둘려 쌓여 있는 동안에도,

지치지 않고 그 천상의 빛을 주목할 수 있으리.

그들은 헛되이 나를 쳤네.

인간들은 오직 하나님께서 허락하시는 것만 행한다네.

하지만, 그들은 하나님의 시각을 알지 못하고.

우리 육신의 눈으로 볼 때에는 그들이 무력을 행사하지만,

믿음은 그러한 모든 것이 하나님으로부터 나왔다고 선포하네.

나로 요동치 않고,

나를 격려해주는 그 빛의 조명을 받으며,

나의 길을 가리.

그 빛은 멀리에서 비추고 있지만

근접해 오는 모든 구름들과 어두움들을 거두어주리.

세상에 의해 거절당한
진리와 하나님의 사랑

오, 정결하고 하늘로부터 나신 사랑이여!

오, 세상에 잘 알려지지 않은 단순한 진리여!

인간들은 당신을 고집스럽게 거부하고 있습니다.

나아가서 거짓과 기만이 판을 치고 있는 동안에,

그들은 이성으로 더욱 사악하고 대담무쌍하게

당신을 억제하고 묵살시키고 있습니다.

당신의 능력은 당신을 보내신 그 분의 것과 동등하지만,

당신은 당신의 음성을 들을 줄 아는 귀들과,

당신을 이곳으로 환영하는 마음들을

좀처럼 찾지 못하고 계시군요.

당신이 가시는 곳마다

비난과 고통이 따라다니고 있습니다.

세상은 교만하며,

당신이 당하는 조롱과 중상을 견딜 수 없어 합니다.

그들이 중요하게 생각하는 것은 인간들의 칭찬뿐입니다.

순결한 사랑은 뒤에 스캔들이 따라 다니며,

비싼 대가를 치러야 하지만, 결코 헛되지 않습니다.

희생의 대가가 아무리 비쌀지라도,

내가 아무리 가난하다 할지라도,

나는 그 가격을 지불할 준비가 되어 있습니다.

수치여 오거라, 슬픔아 오거라.

눈물과 연약함과 마음을 짓누르는 두려움에도 불구하고,

나는 당신에게 방을 내어주는 것으로 인하여

결코 불평하지 않을 것입니다. 오셔서 나를 다스려 주소서!

신적 입양에 대한 증거

새로 태어난 사람들은 얼마나 행복한지!

그들은 입양의 은혜에 참여한 자들이라네.

그들이 나누는 축복은 얼마나 정결한지!

그 축복은 세상과 세상 사람들의 눈에 감추어졌고,

축복 받은 자들의 마음 가운데 있기 때문에

양심만이 거기에 있음을 느낀다네.

그것은 우리가 믿는 순간에 우리의 것이 된다네.

우리가 축복의 근원이신 하나님을 온 힘을 다하여 사랑한다면,

우리가 온 마음으로 그 분을 섬긴다면,

그 축복에 대한 우리의 주장에는 아무런 이의가 없을 것이라네.

하지만 아! 불결하고 고집스러운 죄가

우리의 내면을 더럽히고 불결하게 한다면,

우리가 알았던 모든 기쁨들과는 안녕.

우리는 다시 자연의 지배력에 사로잡힌 채,

우리 자신의 미로에서 인도자도 없이 헤매게 될 것일세.

자기들이 받은 은혜의 성령을 근심케 하기를 두려워하는 정결하고
순수한 사람들은 분명하게 그 분의 길을 따라 간다네.
그리고 꾸밀 수 없는 사랑으로 인하여 강해진 사람들은
그들의 마음이 그 분이 거하시는 처소라는 것을
강력하게 주장하며, 분명하게 증거 한다네.

오 순전한 기쁨의 사신이여!
당신의 목소리가 가장 깊은 어두움을 쫓아버립니다.
평화를 선포하는 달콤한 비둘기여!
우리의 고통을 경감시켜주기 위해
당신이 우리 가까이에 있기만 하면,
충족되지 않은 소망은 하나도 없으며,
사랑하는 일 외에는 아무 일도 없습니다.

죄가 나눈 것을 연합시키는 것이 사랑이라네.
사랑은 모든 축복이 거하는 중심이기에,
영혼이 하나님을 의지하면서 일단 그것에 이끌리게 되면,
그분에게서 흘러넘치는 달콤함으로부터 평화를 맛볼 수 있다네.

거기에서 슬픔은 자기의 본성을 포기하고,

삶은 고요한 분위기를 띄게 되며,

삶의 모든 비애들을 벗게 된다네.

거기에서, 주권자의 선하심이 우리의 마음을 달래주는데,

그 때까지는 온전한 평화 속에서 쉼을 얻을 수가 없다네.

PURE  NARD

PURE  NARD